W0088480

Bibliografische Informationen Der Deutschen Bibliothek

Die Deutsche Bibliothek verzeichnet diese Publikation in der
Deutschen Nationalbibliografie: detaillierte bibliografische Daten
sind im Internet über http://dnb.de abrufbar.

© 2013 Verlag Junge Gemeinde, Leinfelden-Echterdingen
und Lahn Verlag, Kevelaer
Typografie und Herstellung: Dieter Kani, Stuttgart
Titelfoto und Umschlaggestaltung: Gerd Ulmer, Hemmingen
Fotos innen:
Braner: Seiten 7–11, 16, 32, 48, 66, 75, 77, 78, 80, 82, 93
Christ: Seite 34–36, 98, 111, 112
Wild: Seiten 102, 103, 107, 108
Illustrationen:
Marie Braner: Seite 68–71, 87–92
Barbara Wendler: Seite 115
Dorothea Layer-Stahl: Randvignetten und Seiten 11 u. 18
Druck und Bindearbeiten:
fgb freiburger graphische betriebe, Freiburg i.Br.

ISBN 978-3-7797-2086-7 (Verlag Junge Gemeinde)
ISBN 978-3-7840-3515-4 (Lahn Verlag)

Andrea Braner

Kinder erfahren Tod und Trauer

... und begegnen Geschichten, Ritualen, Liedern und Gebeten

VERLAG
JUNGE GEMEINDE

lahn

INHALT

Verzeichnis der Lieder

Abkürzungen

DL 1+2 Das Liederheft für Kirche mit Kindern, Band 1+2
Michaeliskloster Hildesheim, Ev. Zentrum für Gottesdienst und
Kirchenmusik der Evang.-Lutherischen Landeskirche Hannover
DS Dir sing ich mein Lied. Das Kinder- und Familiengesangbuch,
Schwabenverlag, Ostfildern
EG Evangelisches Gesangbuch
EG RT Evangelisches Gesangbuch Regionalteile
GL Gotteslob, Katholisches Gesangbuch
KG Das Kindergesangbuch, Claudius Verlag, München
KKH Kinder-Kirchen-Hits. Das Liederbuch für den Kinder- und
Familiengottesdienst, Verlag Junge Gemeinde, Leinfelden-
Echterdingen und Kontakte Musikverlag, Lippstadt
KiGoLo Kinder-Gotteslob, Weil du da bist, Lahn Verlag, Kevelaer,
Verlag Haus Altenberg, Düsseldorf
LJ Liederbuch für die Jugend, Gütersloher Verlagshaus, Gütersloh
MKL 1+2 Menschenskinderlieder, Band 1+2, Zentrum für Verkündigung
der Evang. Kirche in Hessen und Nassau, Frankfurt a.M.

Diese kleinen Illustrationen begegnen Ihnen auf vielen Seiten. Sie bedeuten:

Information

Geschichten

Biblische Erzählung

Gebet und meditative Impulse

Singspiele und Lieder

Kreatives

Spiele ▷

Bastelvorschläge

Einführung

Der Tod und der Gänsehirt

Material für das Legebild zur Geschichte:
– braunes Baumwolltuch (als Untergrund)
– violettes Baumwolltuch (zum Abdecken des Legebildes)
– blaues Chiffontuch (Fluß)
– weiße Federn (Gänse)
– Flöte (Hirte)
– schwarzer Vogel aus Tonkarton (= Tod, s. Vorlage S. 11)
– Geldscheine und Schmuck
– Rennauto
– Orden
– Herz
– Kamm
– Glasnuggets und Knöpfe
– alte Brille

(Baumwoll- und Chiffontücher, Federn und Glasnuggets sind erhältlich bei:
Verlag Junge Gemeinde, www.junge-gemeinde.de)

Einmal kam der Tod über den Fluss, wo die Welt beginnt. Dort lebte ein armer Hirte, der eine Herde weißer Gänse hütete.

»Du weißt, wer ich bin, Kamerad?«, fragte der Tod.
»Ich weiß, du bist der Tod. Ich habe dich auf der anderen Seite hinter dem Fluss oft gesehen.«

»Du weißt, dass ich hier bin, um dich zu holen und mitzunehmen auf die andere Seite des Flusses.«

»Ich weiß. Aber das wird noch lange sein.«

»Oder wird nicht lange sein. Sag, fürchtest du dich nicht?«

»Nein«, sagte der Hirt. »Ich habe immer über den Fluss geschaut, seit ich hier bin, ich weiß, wie es dort ist.«

»Gibt es nichts, was du mitnehmen möchtest?«

»Nichts, denn ich habe nichts.«

»Nichts, worauf du hier noch wartest?«

»Nichts, denn ich warte auf nichts.«

»Dann werde ich jetzt weitergehen und dich auf dem Rückweg holen. Brauchst du noch etwas, wünschst du dir noch was?«

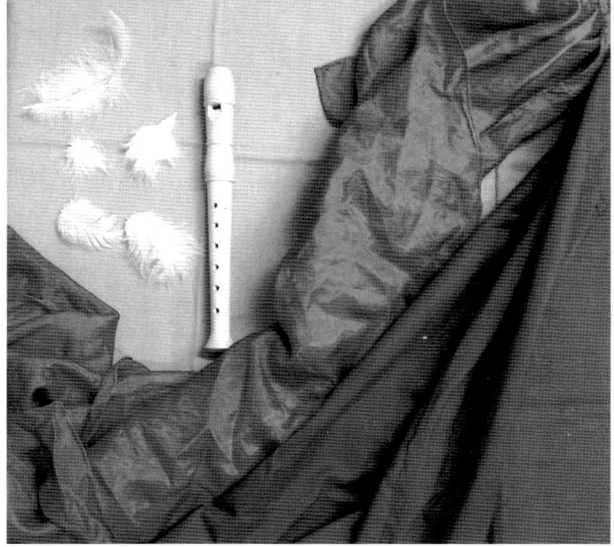

»Brauche nichts, hab' alles«, sagte der Hirt. »Ich habe eine Hose und ein Hemd und ein Paar Winterschuhe und eine Mütze. Ich kann Flöte spielen, das macht lustig. Meine Gänse verstehen nicht viel von Musik.«

Als dann der Tod nach langer Zeit wiederkam, gingen viele hinter ihm her, die er mitgebracht hatte, um sie über den Fluss zu führen.

Da war ein Reicher dabei, ein Geizhals, der zeit seines Lebens wertvolles und wertloses Zeug an sich gerafft hatte: Klamotten, auch Gold und Aktien und fünf Häuser mit etlichen Etagen. Der Mann jammerte und zeterte: »Noch fünf Jahre, nur noch fünf Jahre hätte ich gebraucht, und ich hätte noch fünf Häuser mehr gehabt. So ein Unglück, verfluchtes!« Das war schlimm für ihn.

Ein Rennfahrer war unter ihnen, der zeit seines Lebens trainiert hatte, um den großen Preis zu gewinnen. Fünf Minuten hätte er noch gebraucht bis zum Sieg. Da erwischte ihn der Tod. Das war schlimm für ihn.

Ein Berühmter war dabei, dem ein Orden gefehlt hatte, da holte ihn der Bruder Tod. Das war schlimm für ihn.

Dann war da ein junger Mann, der hatte an seiner Braut gehangen, denn sie waren ein Liebespaar gewesen, und keiner konnte ohne den anderen leben.

Ein schönes Fräulein war dabei mit langen Haaren. Und viele Reiche, die jetzt nichts mehr besaßen, was sie gerne hätten haben wollen.

Ein alter Mann war freiwillig mitgegangen. Aber auch er war nicht froh, denn siebzig Jahre waren vergangen, ohne dass er das bekommen hatte, was er hatte haben wollen. Schlimm für sie alle!

Als sie an den Fluss kamen, wo die Welt aufhört, saß dort der Hirt. Und als der Tod ihm die Hand auf die Schulter legte, stand er auf, ging mit über den Fluss, als wäre nichts, und die andere Seite hinter dem Fluss war ihm nicht fremd. Er hatte Zeit genug gehabt, hinüberzuschauen, er kannte sich hier aus, und die Töne waren noch da, die er immer auf der Flöte gespielt hatte; er war sehr fröhlich. Das war schön für ihn. Was mit den Gänsen geschah? Ein neuer Hirte kam.

(Aus: Janosch, Janosch erzählt Grimms Märchen, ©1972 Beltz & Gelberg in der Verlagsgruppe Beltz, Weinheim-Basel, 8. Auflage 2013)

◁ *Vorlage schwarzer Vogel = Tod. Etwa auf doppelte Größe vergrößern.*

11

Den Blick über den Fluss wagen

Eine junge Mutter wird beim Joggen überfallen, vergewaltigt und ermordet. Ihr Mann und zwei Töchter (9 und 4 Jahre alt) sind von dem grausamen Tod am schmerzhaftesten betroffen. Die Erzieherinnen des örtlichen Kindergartens, den das jüngere Mädchen (A.) besucht, sind absolut hilf- und sprachlos. Sie fühlen sich nicht in der Lage, mit den Kindern, die durch Dorf-und Familiengespräche ganz sicher wissen, warum A. schon seit einigen Tagen fehlt, zu reden. Gleichzeitig empfinden sie das Schweigen für sich selbst und für die Kinder als unerträglich und bitten mich als Kindergottesdienstpfarrerin, in die Einrichtung zu kommen mit der Auflage, die Kinder auf keinen Fall direkt mit der Grausamkeit dieses Todes zu konfrontieren. Einige Eltern haben es vorher abgelehnt, ihre Kinder an dem Treffen teilnehmen zu lassen. »Mein Kind hat schon nach dem Tod seines Opas immer wieder gefragt, ob ich auch sterben muss. Ich habe ›Nein, erst wenn ich ganz alt bin‹ geantwortet. Aber das möchte ich nicht noch einmal mitmachen!«, begründet eine Mutter ihre ablehnende Haltung.

Ich verbringe mit den Kindern und Erzieherinnen eine intensive Stunde, die alle Beteiligten offenbar als hilfreich und wohltuend erleben. Im Kapitel »Suris Mama ist gestorben« (S. 100ff.) berichte ich ausführlich darüber.

Warum ich Ihnen gleich zu Beginn von dieser erschütternden Begebenheit erzähle?

Zum einen, weil sie drastisch zeigt, dass Kinder mit Leid und Tod in Berührung kommen und wir sie nicht davor schützen können. Der Mord an einer jungen Mutter ist extrem. Alltäglicher ist Kindern der Anblick eines überfahrenen Igels oder einer toten Maus, der Verlust eines geliebten Haustiers, aber auch das Sterben eines altersschwachen Nachbarn oder einer kranken Oma.

Zum anderen, weil mir klar wurde, dass vor allem die Erzieherinnen und Eltern enorme Probleme hatten, sich mit dem Geschehen auseinanderzusetzen, während die Kinder durchaus Worte und Gesten fanden, um ihre Emotionen auszudrücken und dem Tod mit ihren Hoffnungsbildern und tröstlichen Gedanken die Stirn zu bieten. Während viele Er-

wachsene Leid und Tod tabuisieren möchten – vielleicht weil wir Angst vor dem Sterben haben und uns Antworten auf viele Fragen fehlen –, sind die meisten Kinder offen, neugierig, spontan und fantasievoll, auch im Blick auf dieses schwierige Thema. Sie haben ein Recht darauf, sich mit Sterben und Tod auseinanderzusetzen, weil beides zu ihrem Leben dazugehört. Und weil Kinder intuitiv vieles über Leben und Sterben, Gott und die Welt leichter erfassen als wir Erwachsenen, können wir uns von ihren Einsichten und ihrer bildhaften Symbolsprache bereichern lassen.

Das Thema Tod ist m. E. problematisch, wenn wir selbst ihm hilflos und ängstlich gegenüberstehen, nicht aber, weil Kinder damit überfordert wären.

Dieses Buch möchte Erzieher/innen, kirchliche Mitarbeiter/innen und Grundschullehrer/innen ermutigen, zusammen mit den ihnen anvertrauten Kindern »über den Fluss zu schauen«, damit der Tod zum Vertrauten wird und das Leben dadurch an Angst verliert und an Reichtum gewinnt.

Gemeinsam über den Fluss schauen

Lassen wir uns mit Kindern auf das Thema Sterben und Tod ein, so ist das ein wechselseitiger Prozess von Geben und Nehmen, Fragen und Antworten, Trauern und Trösten. Das pädagogische Konzept »Kinder fragen, Erwachsene antworten« ist glücklicherweise überholt. Wir sind nicht wissender als Kinder, wenn es um Leben und Tod, Gott und die Welt geht. Wir stehen auch nicht unter dem Druck, richtige im Sinne von korrekten Antworten geben zu müssen. Wir bieten den Kindern unsere eigenen Glaubensvorstellungen und Hoffnungsbilder an, muten ihnen aber auch unsere Sprachlosigkeit, Zweifel und Fragen zu. Wir machen sie vertraut mit der christlichen Tradition und laden sie ein, eigene Formen der Verarbeitung zu finden.

Bei allem gilt: Kinder und Erwachsene fragen und suchen, staunen und antworten, philosophieren und theologisieren gemeinsam auf die ihnen gemäße Art, die sich in mancherlei Hinsicht voneinander unterscheidet. Dabei begegnen sie einander achtsam, respektvoll und ehrlich. Wenn das gelingt, kann die Auseinandersetzung mit Sterben und Tod für Kinder und Erwachsene gleichermaßen lebensförderlich und heilsam sein.

Der Blick über den Fluss in Kindergarten, Kinderkirche und Grundschule

Wenn meine Beobachtung stimmt, dass vor allem der Umgang Erwachsener mit dem Thema Sterben und Tod problematisch ist, möchte ich Sie, liebe Erzieher/innen, kirchliche Mitarbeitende und Lehrer/innen ermutigen, sich auch im Team damit auseinanderzusetzen. Dazu finden Sie Anregungen in »Von Raben und Tauben« (s. rechte Seite).

Haben wir ferner erkannt, dass es dem Leben und der psychischen Stabilität dient, wenn wir Kindern und uns selbst Erfahrungen von Verlust und Abschied ermöglichen, stellt sich die Frage, wann und wie Sterben und Tod Thema in unserer Einrichtung sein kann. Dazu gibt es vielfältige Möglichkeiten: Alltägliche Abschiedssituationen bewusst gestalten, natürliche Lebens- und Sterbensprozesse beobachten, kirchenjahreszeitliche und aktuelle Anlässe nutzen, spontane Kinderäußerungen aufgreifen. Zu alledem finden Sie Geschichten und kreative Ideen.

Die Ausführungen im Kapitel »Und Jungs weinen doch!« (s. S. 27ff) sind sozusagen als Vorzeichen zu verstehen. Die Kinder selbst, aber auch ihre erwachsenen Bezugspersonen werden dafür sensibilisiert, ihre eigenen Gefühle und die anderer zuzulassen und ernst zu nehmen.

Von Raben und Tauben

Mein eigener Zugang zu Sterben und Tod; mein Bangen,
Glauben und Hoffen

■ ZUM ÜBERDENKEN

Kinder fordern dazu heraus, sich auf das Thema Sterben und Tod einzulassen. Sie spüren es, wenn wir versuchen, sie mit halbherzigen, voreiligen oder distanzierten Antworten abzuwimmeln. Wir schulden ihnen aufrichtige, ernst gemeinte Antworten, von denen wir selbst überzeugt sind. Aber wie sind wir dazu in der Lage, wenn wir das Thema zum Tabu erklärt haben? Wie können wir Kindern, die leidvolle Verlusterfahrungen machen, Halt und Trost schenken, wenn wir selbst nicht wissen, was uns tröstet und hoffen lässt – auch über den Tod hinaus?

Auch wenn der Prozess für einzelne emotional anstrengend und vielleicht sogar grenzwertig sein kann, möchte ich Sie ermutigen, sich der Thematik im Team anzunehmen. Schauen Sie miteinander, was die Beschäftigung mit Sterben und Tod in Ihnen auslöst, welche Ängste und Fragen sich einstellen und wie Sie emotional reagieren. Teilen Sie miteinander Ihre Vorstellungen von der christlichen Hoffnung auf ein Leben nach dem Tod, aber auch Ihre Ängste und Zweifel. Erzählen Sie sich, was Ihnen in Zeiten der Trauer gut tut und weiter hilft. Wenn Sie sich dadurch dem Thema innerlich öffnen und mit Ihren Gefühlen in Berührung kommen, werden Sie es sehr viel leichter haben, Kinder auf diesem Weg zu begleiten.

Sollten Sie bei der Bearbeitung des Themas im Team merken, dass jemand aus Ihrem Kreis absolut überfordert ist, raten Sie ihm oder ihr, professionellen Rat einzuholen. Die eigene Beschäftigung mit Sterben und Tod ist für die Begleitung von Kindern unerlässlich. Wer sich dazu außerstande sieht, braucht vermutlich therapeutische Hilfe.

Vielleicht überlegen Sie sich, ob Ihr Pfarrer/Ihre Pfarrerin oder ein/e Mitarbeiter/in des Hospiz-Dienstes Ihre Auseinandersetzung mit dem Thema im Team begleiten könnte.

■ PRAKTISCHE ANREGUNGEN

Im Folgenden finden Sie einige Impulse, wie die Auseinandersetzung mit Sterben und Tod im Team konkret aussehen könnte. Ein/e Mitarbeiter/in bzw. der/die Pfarrerin übernimmt die Vorbereitung und Leitung.

Geschichte zur Einstimmung:
»Der Tod und der Gänsehirt« (siehe S. 7 ff.)

Bevor die Teilnehmenden den Raum betreten, hat der/die Leiter/in ein einfarbiges Tuch in der Mitte des Stuhlkreises auf dem Boden ausgebreitet und darauf die Geschichte mit Gegenständen gelegt.

Das Lege-Bild deckt er/sie mit einem dunklen großen Tuch ab. Wenn alle Platz genommen haben, liest der/die Leiter/in oder eine zweite Person die Geschichte langsam vor. Dabei wird das Lege-Bild Stück für Stück enthüllt (s. Fotos S. 7–11).

Überleitung zum Brainstorming

Leiter/in:
Dem Gänsehirt ist der Tod nicht fremd. Oft genug hat er zu Lebzeiten über den Fluss geschaut. Er hat über das Sterben nachgedacht und sich mit dem Tod angefreundet. Wie ist das mit mir? Was assoziiere ich eigentlich spontan mit Sterben und Tod?

Die Teilnehmenden schreiben ihre Assoziationen in Stichworten mit dickem Stift auf einzelne Zettel, immer ein Wort oder einen kurzen Gedanken auf einen Zettel. Die Zettel werden eingesammelt und an eine Pinnwand oder Flipchart gehängt, sodass sie von allen gelesen werden können. Der/Die Leiter/in und eine weitere Person lesen abwechselnd vor, was auf den Zetteln steht, jeweils mit ca. fünf Sekunden Pause dazwischen.

Welche Erfahrungen habe ich mit Sterben und Tod gemacht?

Das Lege-Bild zu »Der Tod und der Gänsehirt« wird abgeräumt, stattdessen stellt der/die Leiter/in eine Vase auf das Bodentuch, in der sich möglichst ein kahler und ein blühender Zweig befinden sollten. Außerdem hat er/sie in der Anzahl der Teilnehmenden schwarze Vögel und weiße Tauben aus Tonpapier ausgeschnitten und mit einer Fadenschlaufe versehen (s. Vorlagen S. 11 und S. 18).

Leiter/in:
Die Vögel, die ich gebastelt habe, stehen symbolisch für Tod und Leben. Schwarze Vögel wie der Rabe gelten als Todesboten. Lassen sich die Krähen im Herbst in Scharen auf den abgeernteten Äckern nieder, künden sie vom bevorstehenden Winter, vom Tod in der Natur. Auch in Geschichten stehen schwarze Vögel für die dunklen Todesmächte (»Krabat« von O. Preußler, »Die Sieben Raben« der Gebrüder Grimm, Hexen-Geschichten: Hexen tragen einen Raben auf dem Buckel). Die weiße Taube hingegen ist Symbol der Hoffnung und des Lebens. Fallen euch dazu Geschichten ein? (Sintflut/Arche Noah im Alten Testament, »Aschenputtel« der Gebrüder Grimm, »Brüder Löwenherz« von Astrid Lindgren). Die Vögel dienen uns heute als kleine Erzählhilfe. Bitte über-

legt euch eine Antwort auf folgende Frage: Welche Erfahrungen habe ich in meinem Leben mit Verlust, Abschied, Sterben und Tod gemacht? – Denkt dabei besonders an eure eigene Kindheit. – Sind meine Erinnerungen daran sehr schmerzhaft, beängstigend, unbewältigt? Dann hänge ich einen schwarzen Vogel an den kahlen Zweig. – Gibt es etwas oder jemanden, das oder der mir in dieser Zeit beigestanden und geholfen hat? Gibt es etwas, an das ich in dem Zusammenhang dankbar zurückblicke? Habe ich meinen Frieden gefunden? Dann hänge ich ein weißes Vögelchen in den blühenden Zweig.

Die Teilnehmenden erzählen von ihren eigenen Erfahrungen und hängen dazu die Vögel auf. Das, was die/der Einzelne erzählt, wird von den anderen nicht kommentiert. Nachfragen sind erlaubt.

Vorlage Weiße Taube ▷
Etwa auf doppelte
Größe vergrößern.

Was tröstet mich und gibt mir Halt?

Die Teilnehmenden gehen in Kleingruppen (2-3 Leute pro Gruppe). Sie erzählen einander, ob es angesichts des Todes etwas gibt, das sie tröstet und hoffen lässt. Bedeutet ihnen der christliche Auferstehungsglaube vom Sieg des Lebens über den Tod etwas?

Biblische und eigene Hoffnungsbilder

Im Plenum sammeln die Teilnehmenden biblische und eigene Hoffnungsbilder auf einem Plakat/einer Flipchart (Geborgensein in Gottes Hand; neuer Himmel, neue Erde; helles Licht; Zuhause; keine Tränen, kein Kummer; Wiedersehen mit den mir lieben Vorausgegangenen, von guten Mächten wunderbar geborgen ...)

Alternative:
Die Teilnehmenden malen ihre Hoffnungsbilder vom Leben nach dem Tod, vom Sein bei Gott und zeigen sie sich anschließend. Wer mag, erzählt dazu.

■ Lieder

Aus Traum und Tränen sind wir gemacht

Text: Lothar Zenetti,
Melodie: Dr. Stefan Sahm,
© Strube Verlag, München

2. Aus Tag und Abend sind wir gemacht.
Wenn dir kalt wird, will ich dich wärmen.

3. Aus Angst und Hoffnung sind wir gemacht.
Wenn du Tod sagst, sage ich Leben.

Ausgang und Eingang
(DS 115, EG 175, KG 184, LJ 119, MKL1 Nr. 2)

Kann im Kanon gesungen werden. Dazu im Kreis stehen und Bewegungen machen:

Ausgang und Eingang,	*Die Arme langsam nach oben bewegen, die Hände über dem Kopf zusammenführen.*
Anfang und Ende	*Die Arme wieder langsam zurückführen.*
liegen bei dir, Herr,	*Die Hände geöffnet Richtung Himmel anheben.*
füll du uns die Hände.	*Die Hände wie eine geöffnete Schale vor dem Bauch zusammenhalten.*

Vom Aufgang der Sonne
(DS 265, EG 456, KG 169, LJ 268, MKL1 Nr. 36)

Kann im Kanon gesungen werden. Dazu im Kreis stehen und Bewegungen machen:

Vom Aufgang der Sonne	*Die Arme langsam nach oben bewegen, die Hände über dem Kopf zusammenführen.*
bis zu ihrem Niedergang	*Die Arme wieder nach unten bewegen.*
sei gelobet der Name des Herrn,	*klatschen*
sei gelobet der Name des Herrn.	*klatschen*

Du verwandelst meine Trauer in Freude
(DL1 Nr. 64, LJ 508, KG 198, KKH 12, MKL1 Nr. 9)

Du, Gott, stützt mich (DL1, Nr. 66, EG RT, LJ 501)

Du bist das Leben (KiGoLo 78, MKL2 Nr. 24)

Gottes Wort ist wie Licht in der Nacht
(DL1 Nr. 83, DS 56, KiGoLo 37, KG 149)

■ Gebet

Gott im Himmel.
Alles Leben hat einen Anfang und ein Ende.
Manchmal denke ich: So ist das eben. Manchmal macht es
mir aber auch Angst.
Warum müssen wir alle sterben?
Gott, sei bei mir, wenn ich Angst habe.
Sei mir nahe, wenn ich frage und keine Antwort habe.
Bei dir bin ich geborgen, im Leben und im Sterben.
Bei dir sind alle geborgen, die ich lieb habe, alle, die leben,
und alle, die gestorben sind.
Du hältst uns in deinen Händen.
In der Stille sagen wir dir, Gott, an wen wir besonders
denken ...

(Nach einem Gebet aus:
Gottesdienste mit Kindern,
Arbeitshilfe für Mitarbeite-
rinnen und Mitarbeiter im
Kindergottesdienst,
Herausgeber: Arbeitsstelle
für Kindergottesdienst in der
Evangelischen Kirche von
Kurhessen-Waldeck.)

– Stilles Gebet –

Vater unser im Himmel (gemeinsam)

Wie funktioniert das mit dem Tod?

Was Kinder bewegt und was sie brauchen

■ ZUM ÜBERDENKEN

Kinder haben alters- und entwicklungsbedingt und abhängig davon, durch welche persönlichen Erfahrungen sie schon geprägt wurden, ihr je eigenes Verständnis von Sterben und Tod. Wir begegnen diesem mit Offenheit und Respekt. Üblicherweise geht man von folgenden Entwicklungsphasen in der Kindheit aus:

● **Klein- und Vorschulkinder** haben noch kein Vorstellungsvermögen bezüglich der Endgültigkeit des Todes. Zwar empfinden sie den Verlust eines verstorbenen Menschen oder Tieres, aber sie rechnen mit dessen Wiederkehr. Ihre Gefühle drücken sie eher nonverbal im Spiel und in Bildern aus.

Befinden sie sich noch in der magischen Denkphase, suchen sie nicht selten die Ursache des Wegseins des/der Verstorbenen in ihrem eigenen Verhalten: »Ich habe ein böses Wort zu Opa gesagt, darum ist er jetzt tot.« Erklären Sie dem Kind die eigentliche Todesursache und dass es keinesfalls Schuld hat.

Auch glauben jüngere Kinder mitunter, sie könnten den Tod rückgängig machen. »Wenn ich der Mama ganz viel helfe, kommt die Oma sicher wieder zurück!« Meiden Sie euphemistische Redewendungen (Schönrederei) und Verharmlosungen: »Dein Onkel ist friedlich eingeschlafen.« Angst vor dem Einschlafen könnte die Folge sein, weil es mit tot sein gleichgesetzt wird. Ähnlich problematisch sind Äußerungen wie diese: »Er ist von uns gegangen!«; »Wir haben sie verloren!«, »Er hat sich zur letzten Ruhe gelegt!« Kommt die Mama dann auch wirklich wieder, wenn sie zum Einkaufen gegangen ist? Kann ich auch verlorengehen? Ich mag mich mittags nicht mehr zur Ruhe legen. All das sind mögliche Reaktionen auf unsere verharmlosende Sprache. Sagen Sie dem Kind darum »Der Vogel ist tot!«, wenn es an der toten Möwe herumstochert und vor sich hinmurmelt: »Vogel schläft!« So lernt es allmählich, dass es einen Unterschied zwischen Schlaf und Tod gibt.

In dieser Altersspanne gilt der Tod noch als etwas Vermeidliches: Nicht alle Menschen müssen sterben. Die Mama ja wohl auf gar keinen Fall! Mag sein, dass diese Einstellung ein natürlicher Schutz für die Kinderseele ist. Bestätigen Sie das Kind nicht bewusst darin, aber belassen Sie es einfach dabei.

● **Grundschulkinder** erfassen die Endgültigkeit und Allgemeinheit (alle müssen sterben) des Todes. Trotzdem ist die Bedeutung, die der Tod für das eigene Lebensumfeld haben kann, noch nicht vorstellbar. Erst, wenn das Kind selbst unmittelbar betroffen ist, stellen sich starke Emotionen ein, die sehr wechselhaft sein können: Tiefe Traurigkeit, Lethargie, aber auch Wut auf den Verstorbenen, der das Kind alleingelassen hat. Noch immer stellt sich die Frage nach dem eigenen Verschulden des Todes. Der/die Tote wird idealisiert, das Kind versucht, ihn/sie zu ersetzen. Trauern Eltern um ein Geschwisterkind, fühlt sich der lebende Bruder/die lebende Schwester oftmals weniger geliebt und zurückgesetzt.

● **Ältere Kinder** verbergen ihre Betroffenheit und Trauer oftmals vor Familienangehörigen und anderen erwachsenen Bezugspersonen, zeigen sich antriebslos, gleichgültig, aber auch aggressiv. Umso wichtiger sind ihnen Gleichaltrige, die zuhören, Verständnis zeigen und die Gefühlswallungen der Freundin/des Freundes aushalten. Sind sie selbst nicht direkt vom Tod eines nahestehenden Menschen oder Tieres betroffen, durchlaufen sie doch Phasen großer Angst: »Was wäre, wenn ich morgen unheilbar an Leukämie erkrankte ...«

■ PRAKTISCHE ANREGUNGEN

Was bewegt Kinder?

Wenn Kinder Sie spontan auf Sterben und Tod ansprechen, versuchen Sie herauszufinden, welche Beweggründe dahinterstecken.
Manchmal handelt es sich ganz schlicht um Sachfragen: »Wie funktioniert das mit dem Tod?« Sachfragen werden

am besten auch sachlich beantwortet: »Das Herz hört auf zu schlagen. Der Mensch/das Tier atmet nicht mehr. Der Körper wird kalt und steif ...«

Verbirgt sich hinter einer kindlichen Frage oder Bemerkung Unsicherheit und Angst, braucht es wahrscheinlich gar keine Erklärungen, sondern die Vermittlung von Nähe, Halt und Geborgenheit. Nehmen Sie das Kind auf den Schoß, sprechen Sie beruhigend mit ihm, singen Sie.

Sinnfragen fordern unsere eigenen Vorstellungen heraus. Geben Sie die Frage an das Kind zurück: »Was denkst du dazu?«, und versuchen Sie, eine eigene, aufrichtige Antwort zu formulieren.

Woran glaube ich?

Ich möchte an dieser Stelle meine christliche Hoffnung in eigenen Worten ausdrücken, um Ihnen einen Anstoß zum Nachdenken darüber zu geben, was Sie trägt und tröstet. Ich habe selbst erfahren: Der Tod ist furchtbar. Er fügt uns Hinterbliebenen unsäglichen Kummer zu. Wie gut, dass die biblisch-christliche Tradition den Tod nicht verharmlost! Jesus stirbt als wahrer Mensch, qualvoll leidend und in großer Verzweiflung (Mt 26,36 ff.; Mt 27,46). Seine Jüngerinnen und Jünger trauern um ihn (Lk 23,27; Lk 24,13 ff.). Ich weiß, wie unglaublich anstrengend und langwierig Trauerarbeit sein kann. Niemand kann sie dir abnehmen.

Im Apostolischen Glaubensbekenntnis heißt es, Jesus sei »... hinabgestiegen in das Reich des Todes.« Jesus Christus, Gottes Sohn, ist selbst in die Tiefe des Todes hinabgestiegen. Darum muss ich mich davor nicht mehr fürchten: Er hat die Leere des Totenreiches mit seiner Gegenwart ausgefüllt, die Dunkelheit mit seinem Licht.

Trotz unseres großen Kummers über ihren gewaltsamen, frühen Tod, hat meine Familie auf den Grabstein meiner Zwillingsschwester die Worte Bonhoeffers gesetzt: »Von guten Mächten wunderbar geborgen«. Das ist meine Hoffnung, mein Glaube, dass Gott uns im Leben, im Moment des Sterbens und im Tod nicht aus seinen Händen lässt und wir bei ihm gut aufgehoben sind.

Wir alle fallen. Diese Hand da fällt.
Und sieh dir andre an: Es ist in allen.
Und doch ist einer, welcher dieses Fallen
unendlich sanft in seinen Händen hält.
(R.M. Rilke)

Wir sterben nicht von Gott weg, sondern zu ihm hin. Wie das geschieht, wissen wir nicht. Es ist auch nicht wichtig. Alles, was nach dem Tod kommt, entzieht sich unserer Vorstellungskraft, aber eins ist gewiss: Im Leben und auch danach haben wir es mit demselben liebenden Gott zu tun. Er nimmt dem Tod die Macht über uns. So, wie er uns mit unserer Geburt auf wunderbare Weise Leben geschenkt hat, so vermag er das auch nach unserem Sterben. Mit Jesus Christus werden wir auferstehen in die Liebe Gottes. Mein persönlicher Trost ist dieses Bild: Ich werde mit den vor mir verstorbenen Liebsten wieder vereint sein, sie werden auf mich warten und mich freudig in Empfang nehmen. Uns vermag dann nichts mehr zu trennen. Und alles, was zu Lebzeiten Stückwerk geblieben ist in unseren Beziehungen, das wird dann vollkommen und gut werden.

Wie begleiten wir Kinder in ihrer Trauer?

In belasteten Zeiten brauchen Kinder noch stärker als sonst unsere verlässliche Zuwendung. Wir sollten versuchen, die emotionalen Ausbrüche trauernder Kinder auszuhalten und ihre je individuelle Art der Verarbeitung zu tolerieren.
Auch Kinder durchlaufen emotional verschiedene Phasen: Wenn sie zunächst gar nicht auf eine Todesnachricht reagieren und stattdessen lachen und spielen, als sei nichts geschehen, hat das etwas mit ihrem inneren Schutzmechanismus zu tun. Werfen Sie dem Kind sein Verhalten nicht als unangemessen vor, ermöglichen Sie ihm vielmehr – so gut es geht – seinen vertrauten Alltag.
Danach kommt es oft zu einer mehr oder weniger ausgelebten Aggression. Körperkontakt ist dann vielleicht unerwünscht. Schelten Sie das Kind nicht für seine Wutausbrüche. Sprechen Sie es besser darauf an: »Bist du vielleicht sauer, dass dein Papa nicht mehr da ist? Das verstehe ich gut.«

Irgendwann lässt das Kind seinen Tränen freien Lauf, vielleicht erst, wenn das Ereignis schon lange zurückliegt und von Außenstehenden kaum noch mit der aktuellen Traurigkeit des Kindes in Verbindung gebracht wird. Das Kind muss weinen dürfen, so oft und solange es will. Mit den Tränen lässt es seinem ganzen Kummer freien Lauf. Irgendwann werden die Abstände größer, ein innerer Friede stellt sich ein. Die Erinnerung an den/die Verstorbenen aber darf bleiben! Vermeiden Sie nicht, mit dem Kind über die/den Tote/n zu reden. Es ist viel schmerzhafter, wenn sie/er totgeschwiegen wird, als wenn er/sie durch Erinnerungen weiterhin eine Rolle im Leben der Hinterbliebenen spielen darf. Wenn Sie das Gefühl haben, dass das Kind seine schwere Verlusterfahrung nicht bewältigen kann und der Trauerprozess zu seinem Schaden verläuft, reden Sie beizeiten mit seinen nahen Bezugspersonen und schlagen Sie gegebenenfalls professionelle Hilfe durch einen Kinderpsychologen vor.

▶ *Zur Vertiefung und praktischen Umsetzung empfehlen wir die Trauertasche, die Seite 124–125 vorgestellt wird.*

Und Jungs weinen doch!

Gefühle zulassen und verarbeiten

■ ZUM ÜBERDENKEN

Wir Menschen sind ganzheitliche Wesen. Wir werden nicht nur von unserem Intellekt, sondern auch stark von unseren Gefühlen bestimmt. Tendenziell fördern wir in unserer Gesellschaft mittlerweile vom Kleinkindalter an die kognitiven Anlagen sehr bewusst, während die emotionalen mit der Zeit verkümmern. »Schäm dich!«, wird Maja zurechtgewiesen, wenn sie sich ungerecht behandelt fühlt und mit einem Wutanfall reagiert. »Starke Jungs weinen nicht!«, muss sich Ben anhören, wenn er mit dem Fahrrad gestürzt ist und sich dabei böse wehgetan hat. Gefühle werden oft unterdrückt oder verschwiegen. Wen wundert es, wenn Beziehungen scheitern, weil die Partner/innen nicht gelernt haben, einander ihre Emotionen mitzuteilen? Wie können wir Kindern vorwerfen, dass sie sich abkapseln, wenn wir uns selbst ihnen gegenüber nicht öffnen, uns weder begeisterungsfähig noch verletzlich zeigen?

Mir ist klar, dass ich hier unsachgemäß verallgemeinere. Und doch ist die Problematik des »emotionalen Analphabetismus« bekannt und verbreitet. In unserer Arbeit mit Kindern kommt es darauf an, die Ganzheitlichkeit des Menschen zu achten und die emotionale Ausdrucksfähigkeit der Kinder genauso zu stärken wie die kognitive.

Gerade wenn es um das Erleben von Sterben und Tod geht, kann eine heilsame Auseinandersetzung damit nur gelingen, wenn Emotionen zugelassen und ausgedrückt werden dürfen. Erst dann kann der Verarbeitungsprozess in Gang kommen.

■ PRAKTISCHE ANREGUNGEN

Geschichten

Zunächst stelle ich Bilderbücher vor, die Kinder grundsätzlich in ihrer Emotionalität ernst nehmen und bestärken. Ideen zur Vertiefung finden Sie unter »Übungen und Spiele« sowie »Kreatives«.

Meine Geschichte »Luise und die bunten Socken« bezieht sich dann direkt auf unser Thema: Luise betrauert den Tod ihrer geliebten Oma zusammen mit ihrer Mutter, die ihre eigenen Gefühle nicht verschweigt. Die beiden schenken sich körperliche Nähe und sprechen über ihre Empfindungen und Hoffnungsbilder. Beide erfahren auf diese Weise Trost und Stärkung.

Der Seelenvogel
Text von Michal Snunit, Illustrationen von Na`ama Golomb, Übersetzung aus dem Hebräischen von Mirjam Pressler
Carlsen Verlag, ISBN 978-3-551-55070-5

Der Seelenvogel tief in uns fühlt, was wir selbst fühlen. Wenn uns jemand lieb hat, macht er fröhliche Sprünge, wenn uns jemand böse ist, macht er sich klein und ist still und traurig ...

Wie der Chamäleonvogel seine Farben bekam
(Weihnachtsgeschichte)
Text von Hermann-Josef Frisch, Illustrationen von Ivan Gantschev
Gütersloher Verlagshaus, ISBN 978-3-579-06716-2

Der Chamäleonvogel (Ostergeschichte)
Text von Hermann-Josef Frisch, Illustrationen von Ivan Gantschev
Gütersloher Verlagshaus, ISBN 978-3-579-06716-2

Je nachdem, wie sich der Chamäleonvogel fühlt, verändert sich die Farbe seines Federkleides. So teilt er die Sorgen der Hirten von Bethlehem mit dunkel gefärbten Federn, die Freude über die Geburt Jesu erlebt er farbenfroh. Sein Kleid ist schwarz, als Jesus stirbt, aber es leuchtet strahlend am Ostermorgen ...

Die Königin der Farben
Text und Illustrationen von Jutta Bauer
Verlag Beltz & Gelberg, ISBN 978-3-407-76026-5

Malwida ruft ihre Untertanen, die Farben. Mit dem wilden ROT erlebt sie gefährliche Abenteuer, mit dem zickigen GELB streitet sie sich, das sanfte BLAU stimmt sie mild. Als sie plötzlich ohne Farben dasteht, ist Malwida untröstlich ...

Anna und die Wut
Text von Christiane Nöstlinger
Verlag Sauerländer, ISBN 978-3-7941-5191-2

Die kleine Anna hat ein großes Problem: Sie wird viel öfter als andere Kinder fürchterlich wütend. Was soll sie tun mit ihrer Wut? Annas Opa weiß Rat ...

Gesprächsimpulse mit den Kindern:
- Worüber ich selbst wütend sein kann ...
- Wie es ist, wenn ich wütend bin ...
- Was mir hilft, wenn ich wütend bin ...

Ein Mann, der weint
Text von Matthias Jeschke, Illustrationen von Wiebke Oeser
Hinstorff Verlag, ISBN 978-3-356-01414-3

Ein kleiner Junge bemerkt einen weinenden Mann und findet das sehr erstaunlich und gleichzeitig irgendwie beruhigend und erfreulich, weil sein eigener Papa immer sagt: »Männer weinen nicht!«

Luise und die bunten Socken

Luise betrauert den Tod ihrer geliebten Oma zusammen mit ihrer Mutter, die ihre eigenen Gefühle nicht verschweigt. Die beiden schenken sich körperliche Nähe und sprechen über ihre Empfindungen und Hoffnungsbilder. Beide erfahren auf diese Weise Trost und Stärkung.

Luise vergräbt ihr Gesicht im Kopfkissen. Ihre Schultern beben. Die Tränen wollen nicht versiegen. Ihre Hand hält etwas bunt Geringeltes, Weiches fest umschlossen. Leise wird die Tür geöffnet. Mama kommt ins Kinderzimmer und setzt sich auf den Bettrand. Sanft streicht sie über Luises Kopf. Luises Schluchzen wird wieder lauter. »Komm her, Isi, mein Schatz«, sagt Mama. Luise schlingt die Arme um Mamas Hals, ihr Kopf liegt auf Mamas Schultern. Sie weint und weint.
Mama streichelt ihr beruhigend über den Rücken und wiegt sie sacht hin und her, hin und her. »Geht's wieder besser?«, fragt sie ihr Mädchen nach einer Weile, als Luise nicht mehr weint. »Ein bisschen«, flüstert Luise und öffnet ihre Hand. »Ich hab gefroren unter der Bettdecke. Meine Füße waren kalt wie Eisklumpen. Da hab ich mir Omas Socken geholt, die sie mir zu Weihnachten gestrickt hat. Und dann bin ich wieder ganz furchtbar traurig geworden.« »Weil du sie so vermisst, die Oma?«, fragt Mama. »Ja, sie fehlt mir so! Ich wünsche mir, dass sie uns wieder besucht, so wie in jedem Herbst, wenn es draußen kalt und dunkel ist. Und dass wir es uns wieder gemütlich machen am Ofen. Und dass sie mir Dornröschen und Aschenputtel und Rapunzel erzählt. Und Omas Stricknadeln klappern immerzu, und ein schöner

Socken nach dem anderen entsteht. Und an Weihnachten kriegen wir alle ein neues Paar, jeder in seiner Lieblingsfarbe: Lukas in Blau, du in Beige, Papa in Dunkelgrün und ich in ganz bunt wie diesen hier. Mama, ich will nicht, dass Oma tot ist! Sie soll zurückkommen! Ich will ihr sagen, wie lieb ich sie hab und dass sie mir unbedingt noch zeigen muss, wie man Socken strickt. Ich will das auch können und anderen damit eine Freude machen!« Wieder rollen Luise die Tränen übers Gesicht.

Mama seufzt. Dann sagt sie: »Isi-Maus, mir geht's genauso. Ich denke auch ganz oft an die Oma und wie es wohl wird, wenn wir das erste Mal ohne sie Weihnachten feiern müssen. Ich bin furchtbar traurig, weil niemand mehr zu mir sagt ›Komm, große Tochter, komm an mein altes Mutterherz.‹ Oma war alt und krank. Sie ist gestorben und kann nicht mehr zu uns kommen. Aber wenn du stricken lernen möchtest, dann kann ich dir auch dabei helfen. Ich hab's zwar lange nicht mehr gemacht, aber ich denke, ich kriege das wieder hin.«

»Du kannst stricken, Mama?« Luise staunt. »Oma hat es mir beigebracht, als ich ein bisschen älter war als du. Zuerst habe ich einen Schal gestrickt, dann eine kleine Puppendecke, später sogar einen Pullunder und schließlich auch Socken. Das ist ganz schön schwer mit der Ferse und der Spitze, aber lernen kannst du das auch!« »Oh, darf ich es auch erst mal mit einer Puppendecke probieren? Dann habe ich was Schönes, was ich meiner Minni-Puppe zu Weihnachten schenken kann!« »Klar, wenn du jetzt mal aufstehst und runter kommst, gucken wir gleich nach Wollresten und meinen alten Stricknadeln«, schlägt Mama vor.

»Können wir auch noch zum Friedhof gehen, Mama? Stricken kann ich ja noch nicht. Aber ich hab für Oma einen Engel gefilzt, den möchte ich ihr bringen. Weil sie immer ›Mein Engelchen‹ zu mir gesagt hat. Und weil ich mir vorstelle, dass es ihr jetzt bei den Engeln im Himmel gut geht. Glaubst du das auch?« »Ja, ich glaube auch, dass es ihr gut geht – da, wo sie ist. Und das, was für dich die Engel sind, das sind für mich *Gottes gute Mächte*. Von Gottes guten Mächten ist Oma jetzt wunderbar geborgen«, sagt Mama. »Dann komm, Mama, lass uns gehen!«, ruft Luise, zieht sich Omas bunte Ringelsocken an und läuft los.

(Andrea Braner)

Gesprächsimpulse mit den Kindern:
Worüber seid ihr manchmal traurig? Wie ist das, wenn ihr traurig seid? Was oder wer hilft euch, wenn ihr traurig seid? Die erwachsenen Gesprächspartner/innen erzählen auch von ihren eigenen Erfahrungen mit dem Traurigsein.

■ ÜBUNGEN UND SPIELE

Hüpfen wie der Seelenvogel

Der/Die Spielleiter/in liest die Geschichte vom Seelenvogel (s.o.) vor und lädt die Kinder danach ein, Seelenvögel zu spielen. Eine Kiste mit Chiffon- und Baumwolltüchern steht bereit, ebenso ein Körbchen mit Wäscheklammern zum Befestigen der Tücher am Körper. Wer mag, verkleidet sich ein wenig wie ein Vogel. Die Kinder verteilen sich im Raum. Ein Gongschlag ist das Signal, dass das Spiel beginnt. Der/die Spielleiter/in liest die Geschichte langsam und lässt den Kindern ausreichend Zeit, den jeweiligen Seelenzustand des Vogels zu verkörpern.

So sieht es aus, wenn ich traurig bin ...

In dieser Körperübung werden die Kinder eingeladen, Gefühle durch Mimik und Gestik auszudrücken. Sie stehen dazu verteilt im Raum. Der/Die Spielleiter/in sagt:
– Ich bin sehr traurig. Wie stehe ich? Wie gucke ich?
– Ich habe Angst. Wie stehe ich? Wie gucke ich?
– Ich bin ganz müde. Wie stehe ich? Wie gucke ich?
– Mir ist so kalt. Wie stehe ich? Wie gucke ich?
– Ich staune. Wie stehe ich? Wie gucke ich?
– Ich bin sehr glücklich. Wie stehe ich? Wie gucke ich?
– Ich bin albern. Wie stehe ich? Wie gucke ich?

Rate mal, wie ich mich fühl' ...

Die Kinder sitzen im Kreis. Eins kommt in die Mitte und stellt durch Mimik und Gestik ein Gefühl dar. Die anderen raten: »Bist du sauer?« Wer richtig geraten hat, darf als Nächstes in die Mitte. Fällt einem Kind nicht selbst ein Gefühl zum Darstellen ein, lässt es sich vielleicht gern eins von der Mitarbeiterin ins Ohr flüstern.

Ausdrucksspiel: Die Königin der Farben

Die Geschichte (s. S. 28) lädt zum spontanen Theaterspiel (Jeux Dramatiques) ein. Nachdem sie der/die Spielleiter/in vorgelesen hat, überlegen die Kinder gemeinsam, welche Rollen es geben kann: die Königin, das sanfte Blau, das wilde Rot, das zickige Gelb, das zarte Rosa, das komische Grau ... Nun sucht sich jedes Kind eine Rolle (Mehrfachbesetzungen sind möglich), und verkleidet sich entsprechend. Dazu steht ein Koffer bereit mit Tüchern (jedes möglichst in sich einfarbig, aber insgesamt mit ausreichender Farbauswahl und aus verschiedenen Materialien: Chiffon, Baumwolle, Glitzerstoff ...), ein Körbchen mit Wäscheklammern zum Anhängen der Tücher am Körper und ein Korb mit weiteren Verkleidungs-

utensilien (Hüte, Mützen, Schmuck ...). Die Kinder verteilen sich im Raum, der/die Spielleiter/in geht noch einmal von Kind zu Kind und fragt: »Wer bist denn du?« Das Kind teilt den anderen mit, wer oder was es im Spiel ist. Nach einem Gongschlag beginnt das Spiel, alle agieren von Anfang an gleichzeitig. Das Spiel ist nonverbal, geredet wird also nicht, die Spieler/innen dürfen aber Geräusche mit dem Körper oder der Stimme von sich geben. Der/Die Spielleiter/in liest langsam genug, um den Spieler/innen Zeit zu lassen, sich auszudrücken. Das Spiel endet wieder mit einem Gongschlag. Alle nehmen Platz, die Kinder erzählen einander, wie sie sich in ihrer Rolle erlebt und gefühlt haben.

(Die Spielmethode wird ausführlich erklärt in: Andrea Braner, Hinterm Bibeltor geht's los, Biblische Geschichten erleben im Ausdrucksspiel, Vandenhoeck & Ruprecht 2011, ISBN 978-3-525-63013-6.)

So klingen Gefühle!

In »Anna und die Wut« (s. S. 28) hilft es Anna, ihre Wut beim Trommeln abzubauen. Auch andere Gefühle lassen sich verklanglichen. In der Mitte liegen Rhythmus- und Klanginstrumente, wenn möglich auch Orff'sches Instrumentarium (Glockenspiel, Metallophon ...). Die Kinder probieren die Instrumente zunächst einfach aus. Dann setzen sie sich im

Kreis auf den Boden. Der/Die Spielleiter/in erzählt frei vom Seelenvogel (in Anlehnung an das Bilderbuch, s. S. 28): »Der Seelenvogel ist gerade erst aufgewacht. Er fühlt sich noch schrecklich müde.« Die Kinder suchen sich Instrumente aus und versuchen, die Müdigkeit des Vogels tönen zu lassen. »Jetzt wird er wacher und fliegt fröhlich mal hierhin, mal dorthin ...« Die Kinder lassen die Fröhlichkeit klingen. »Als er endlich einen Regenwurm zum Frühstück gefunden hat, stibitzt sich ein frecher kleiner Spatz die Beute aus dem Schnabel des Seelenvogels. Darüber wird er furchtbar wütend! ...« Die Kinder vertonen die Wut usw.

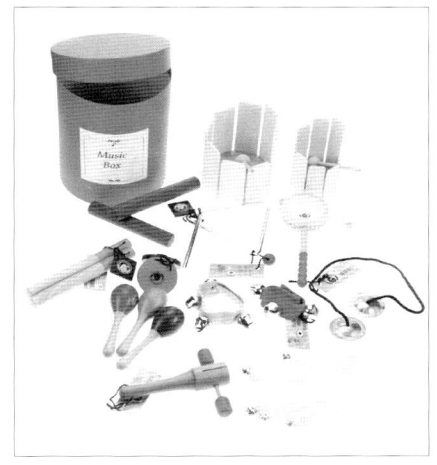

(Eine handliche Musik-Box mit verschiedenen Klanginstrumenten (s. Abb. ▲) ist erhältlich beim Verlag Junge Gemeinde: www.junge-gemeinde.de.)

■ KREATIVES

Seelenvögel basteln

Zur Geschichte »Der Seelenvogel« basteln sich die Kinder eigene Seelenvögel, die sie zu Hause in ihren Zimmern aufhängen können. Die Vögel können die Kinder daran erinnern, in sich hineinzuhorchen und Zwiesprache mit ihren Gefühlen zu halten: »Na, kleiner Seelenvogel, wie fühlst du dich gerade in mir?«

Material: Form-Filz, eine Stiftperle, Büroklammer, Silberdraht (0,3 mm, 75 cm lang), Heißklebepistole oder Alleskleber, eine Feder.

Anleitung: Eine Filzlage auf 5 x 5 cm ausschneiden und unter dem Wasserhahn befeuchten. Der feuchte Filz wird über einem Stift zu einem Dreieck gefaltet. Das Dreieck wird mit der Büroklammer fixiert und zum Trocknen abgelegt. Vom Draht schneidet man 25 cm ab und klebt die Perle als Schnabel auf. Den restlichen 50 cm langen Draht knickt man in der Mitte und wickelt ihn dann etwa 5 cm weit über das kürzere Drahtstück. Dieses Drahtgebilde klebt man zusammen mit der Feder in den Filz. Als Letztes formt man dem Vogel noch die Schwanzfedern über einem Stift. (Siehe dazu Abb. auf der nächsten Seite.)

(Nach einer Idee von Inga und Renate Wolf, aus: Andrea Braner, Christina Christ, Auf-Schwingen – getragen und frei. Ein bunter Kreativmarkt mit Vorschlägen zum Feiern, Erzählen, Gestalten und spielen, Verlag Junge Gemeinde 2010, ISBN 978-3-7797-2060-0)

Farben sprechen lassen

Die Kinder bekommen große Malblätter und Wasserfarben. Sie werden eingeladen, Gefühle in Farben und Formen umzusetzen:

»Wer möchte die Fröhlichkeit malen? Welche Farben, meinst du, passen dazu? Welche Formen? Probiere es einfach mal aus ... Wer möchte die Traurigkeit ... die Wut ... die Angst ... malen? Welche Farben passen dazu, welche Formen?«

Anschließend zeigen sich die Kinder ihre Bilder in kleinen Gruppen und erzählen dazu. Die anderen dürfen den/die Künstler/in befragen.

Fotoshooting

Jedes Kind gestaltet sich ein kleines »Album der Gefühle«. Dazu stellt es pantomimisch (Gestik, Mimik) ein Gefühl dar und wird von einem/r Mitarbeiter/in fotografiert, z. B. »Wut«. Das Foto wird ins Album geklebt, der/die Erzieher/in oder Mitarbeiter/in schreibt dazu: So sieht es aus, wenn Leon wütend ist ...«. Und Leon malt als Ergänzung auf, was ihn manchmal wirklich wütend macht. Ein andermal ist das nächste Gefühl an der Reihe: »Angst«, »Freude« usw. Irgendwann ist das Album fertig und darf mit nach Hause genommen werden.

Engel filzen

Wie Luise in der Geschichte »Luise und die bunten Socken« (S. 29) filzen die Kinder kleine Engel in der Trockenfilztechnik. Sie unterhalten sich dabei darüber, ob sie wie Luise glauben, dass die Verstorbenen im Himmel bei den Engeln sind. Oder haben sie ganz andere Vorstellungen davon, wo die Toten sind?

Material: Engel-Ausstechförmchen (Weihnachtsartikel Haushaltswaren), Schaumstoffunterlage, Filznadel und Filzwolle (Bastelbedarf)

Anleitung: Das Ausstechförmchen auf die Schaumstoffunterlage legen. Filzwolle ins Förmchen drücken und mit der Filznadel so oft einstechen, bis das Engelchen fest genug ist. Zwischendurch die Filzwolle von der Unterlage abziehen, damit sie nicht daran fest gefilzt wird.

■ RITUALE, LIEDER UND GEBETE

Rituale

Erzählkreis: »Ich sage euch und Gott, wie es mir geht!«
Wenn wir Kinderkirche/Kindergottesdienst feiern, hat die Klage- und Lob-Runde ihren festen Platz. Die Kinder sitzen um die gestaltete Mitte, haben gesungen und gebetet. Das Lied »Wolken oder Sonnenschein« (s.S. 37) stimmt uns auf Klage und Lob ein. In der Mitte liegen eine ausgeschnittene schwarze Tonpapier-Wolke und eine runde gelbe Sonne. Blaue Tonpapier-Regentropfen und gelbe Sonnenstrahlen liegen in Körbchen bereit.

Kinder und Erwachsene sind nun eingeladen, zu erzählen, wie es ihnen geht. Gedrängt wird niemand! Wer mag, legt als Klagesymbol einen Regentropfen unter die Wolke und erzählt z.B.: »Ich bin traurig, dass mein Hamster gestorben ist.«, »Ich finde es doof, dass wir bei dem schlechten Wetter nicht ins Schwimmbad gehen können.«, »Ich streite mich immer mit meiner Schwester. Das fühlt sich blöd an.«

Wer mag, legt einen Sonnenstrahl an das Sonnenrund an und erzählt: »Ich freue mich, weil es bald Ferien gibt.«, »Ich bin glücklich, weil der Opa zu Besuch kommt.«, »Ich habe neue Stiefel gekriegt und die mag ich so gern!«

Wer nicht reden möchte, kann auch einen Sonnenstrahl oder Regentropfen wortlos ablegen. Zuletzt spricht der/die Mitarbeiter/in ein Gebet:

Gott, dir können wir alles sagen:
Wie wir uns fühlen, was wir denken.
Worüber wir uns freuen
und was uns traurig macht.
Bei dir ist alles gut aufgehoben.
Amen.

Den Kindern ist dieses Ritual sehr wichtig. Sie wissen, dass sie das, was die anderen sagen, tolerieren müssen und sich nicht darüber lustig machen dürfen. Sie denken von selbst an die Kinder, die nicht zur Kinderkirche kommen können, weil sie krank sind oder weil gerade ein Großelternteil gestorben ist. »Ich lege einen Regentropfen / eine Träne für den Tim ab, weil er Blutkrebs hat und immer noch im Krankenhaus sein muss.« In akuten Situationen (Sterben und Tod) ist die ritualisierte Klage- und Lob-Runde eine große Hilfe. Sie bietet eine angemessene, den Kindern vertraute Form und Sprache, das Unfassbare und eigentlich Unaussprechbare symbolisch auszudrücken.

Die Befindlichkeitsrunde kann selbstverständlich auch im

Kindergarten oder in der Grundschulklasse eingeführt werden und ist nicht auf den gottesdienstlichen Rahmen beschränkt.

Neben Wolke und Sonne sind auch andere Symbole möglich:
– Stein (Klage) und Teelicht/Kerze (Lob)
– Stein (Klage) und Feder (Lob)
– Stein (Klage) und Blume (Lob)

Das Trost-Eckchen

Es gibt ein Eckchen im Raum, in das sich ein Kind zurückziehen kann, wenn es sich in der Gruppe gerade nicht wohlfühlt, wenn es traurig oder wütend ist oder einfach mal allein sein möchte. Ausgestattet ist das Eckchen vielleicht mit einem gemütlichen Sitzkissen, über dem eine Tuch-Bahn wie ein Zeltdach von der Decke schwebt. In einem Korb liegen einige Gegenstände bereit, mit denen sich das Kind, wenn es möchte, meditativ beschäftigen kann: Schüttel-Gläser, Zauberstäbe, Kaleidoskope, Malblätter und Stifte. Wenn möglich, gesellt sich eine erwachsene Bezugsperson zu dem Kind und fragt, ob es gern allein sein möchte oder jemanden zum Reden braucht.

Lieder

Alles, was mich bedrückt

Al-les, was mich be - drückt. Al-les, was mich be -
las - tet, le - ge ich in die - sen Stein, denn Du,
Gott, willst bei mir sein und lässt mich nie al - lein.

Text und Musik:
Andreas Schley 2004
Alle Rechte beim Autor

Wolken oder Sonnenschein

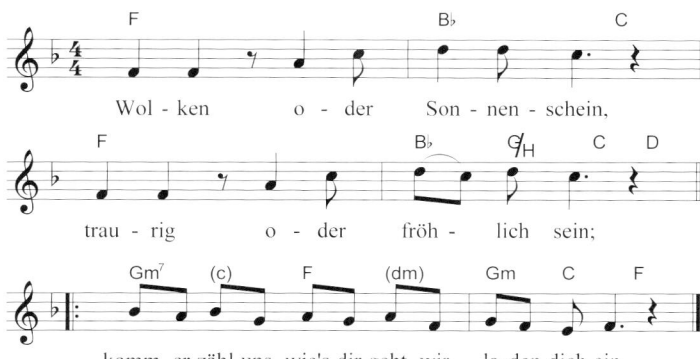

Wol - ken o - der Son - nen - schein,
trau - rig o - der fröh - lich sein;
komm, er-zähl uns, wie's dir geht, wir la-den dich ein.

Text und Musik:
Bernd Schlaudt
Alle Rechte beim Autor

Weitere Lieder:

Wenn ich mich freu, dann tanze ich (MKL1 Nr. 150)

Wir singen vor Freude
(KG 188, KiGoLo 5, KKH 1, LJ, 431, MKL1 Nr. 152)

Wenn du glücklich bist, dann klatsche in die Hand
(DL2 Nr. 242, MKL1 Nr. 142)

Halte zu mir, guter Gott, heut' den ganzen Tag
(DL1 Nr. 82, DS 9, KG 8, KKH 10, KiGoLo 162, LJ 549)

All' eure Sorgen, heute und morgen (MKL2 Nr. 2)

Gebete

Bei Gott bin ich, wie ich bin!

Gott, bei dir muss ich nicht lachen,
obwohl mir zum Heulen zumute ist.
Bei dir muss ich nicht lügen,
auch wenn die Wahrheit wehtut.
Bei dir muss ich nicht klug sein, wenn ich nicht alles weiß.
Bei dir muss ich nicht stark sein,
auch wenn ich mich schwach fühle.
(Die Kinder ergänzen selbst ...)
Gott, bei dir kann ich sein, wie ich bin. Das ist gut!
Amen.

(Andrea Braner)

Wir klatschen in die Hände
(Die Kinder führen die entsprechenden Bewegungen dazu aus.)

Gott, wir klatschen in die Hände, weil wir uns freuen!
Weil wir hoch in die Luft springen können,
klatschen wir in die Hände.
Weil wir uns klein machen können wie eine Maus,
klatschen wir in die Hände.
Weil wir wie ein Elefant stampfen können,
klatschen wir in die Hände.
Weil wir uns blind im Kreis drehen können,
klatschen wir in die Hände.
Weil wir auf einem Bein hüpfen können,
klatschen wir in die Hände.
Gott, wir klatschen in die Hände, weil wir uns freuen.

(Andrea Braner)

Der »Ich-bin-da-Gott«

Du bist der »Ich-bin-da-Gott«, stimmt`s?
Denn du bist da, wenn ich lache.
Und du bist da, wenn ich weine.
Du bist da, wenn ich spiele.
Und du bist da, wenn ich lerne.
Du bist da, wenn ich wach bin.
Und du bist da, wenn ich schlafe.
Du bist da, wenn ich alles blöd finde.
Und du bist da, wenn ich alles ganz toll finde.
Du bist da, wenn ich mit anderen zusammen bin.

Und du bist da, wenn ich ganz allein bin.
Du bist da, wenn es am Tag hell ist.
Und du bist da, wenn es in der Nacht dunkel ist.

... ...

(Vielleicht reichen schon 2-4 Impulssätze und die Kinder ergänzen ihre eigenen Gedanken.)

Gut, dass du da bist, Gott.
Amen.

(Andrea Braner)

Du bist mein Licht

Alle: *Auf allen meinen Wegen bist du, Gott, mein Licht.*

Eine/r: Es gibt Wege, die gehe ich ganz leicht, da hüpfe ich
vor Freude und singe dir ein Lied, mein Gott.

Alle: *Auf allen meinen Wegen bist du, Gott, mein Licht.*

Eine/r: Es gibt Wege, die fallen mir schwer: Ich gehe dann
allein; ich trau mich nicht mehr weiter;
meine Füße sind schwer wie Blei.
Ach, Gott, dann fällt mir jeder Schritt schwer.

Alle: *Auf allen meinen Wegen bist du, Gott, mein Licht.*

Eine/r: Es gibt Wege, die sind hell und froh.
Die Sonne lacht und ich lache dazu.

Alle: *Auf allen meinen Wegen bist du, Gott, mein Licht.*

Eine/r: Es gibt Wege, da ist alles dunkel um mich her.
Alles ist trübe und finster in mir.
Kein Lichtblick, kein Schimmer Hoffnung.
Ach, Gott, dann verlass mich nicht.

Alle: *Auf allen meinen Wegen bist du, Gott, mein Licht.*

(Aus: Gottesdienste mit Kindern, Arbeitshilfe für Mitarbeiterinnen und Mitarbeiter im Kindergottesdienst, Hg.: Arbeitsstelle für Kindergottesdienst in der EKKW, 3. Auflage 2010.)

Tschüss, mach's gut, es war schön, dich zu sehn!

Abschiede gestalten und bewältigen

■ ZUM ÜBERDENKEN

Der Tod ist der letzte große Abschied eines Menschen. Doch schon zu Lebzeiten müssen wir uns von klein auf von Vertrautem lösen, von lieb Gewordenem verabschieden und Menschen, die uns viel bedeuten, loslassen. Diese Momente oder Phasen sind immer kritisch, weil sie mit starkem Verlustschmerz und großer Unsicherheit einhergehen können – bei dem einen ausgeprägter als bei der anderen. Da ist die Not des Babys, das am Abend von seinen Eltern im Dunkeln allein zurückgelassen wird. Beruhigend wirkt sich in dieser Situation ein liebevolles Einschlafritual aus.

Aber auch, als meine Kinder älter wurden, waren an bestimmten Stellen auf dem Weg in die Selbstständigkeit kleine Rituale nötig, um sie passieren zu können: Unserer Jüngsten ließ ich immer einen meiner weichen Schals zurück, wenn ich dienstlich über Nacht von zu Hause fort war. Und wenn der Schal nicht ausreichend nach mir duftete, musste ich ihn vorher mit einem Tropfen meines Parfüms präparieren. Morgens im Kindergarten war ihr ganz wichtig, dass die junge Erzieherin ihrer Gruppe ein kleines Fangspiel mit ihr veranstaltete, um sie fröhlich zu stimmen, weil sie eigentlich lieber zu Hause geblieben wäre. Vor einer Reise backte meine Mutter uns Kindern früher Heidesand, und wir schmeckten in der Fremde ihre ganze Liebe mit, wenn wir die Plätzchen genussvoll aßen. Ein Ritual, das ich für meine Kinder übernommen habe.

Wenn wir frühzeitig lernen, dass uns Abschiede gelingen, und zwar umso besser, wenn sie liebevoll begleitet werden, ist das eine gute »Vorübung« für das allerletzte, große Abschiednehmen, wenn wir selbst oder uns nahestehende Menschen sterben müssen. Darum sollten wir in Kindergarten, Kinderkirche und Schule die Anlässe nutzen, die kleinen Abschiede bewusst einzuüben. Es wäre sinnvoll, dies auch zum Thema eines Elternabends in der Kita zu machen.

Da die Eltern in der Regel ihre Kinder zu Bett und in den Kindergarten bringen, sind sie vielleicht dankbar, etwas über die Bedeutung von Ritualen an diesen für viele Kinder problematischen Stellen des Tages zu erfahren.

■ PRAKTISCHE ANREGUNGEN

Geschichten

Der Maulwurf Grabowski
Text von Luis Murschetz
Diogenes-Verlag, ISBN 978-3-257-00542-4

Der Maulwurf Grabowski wird von Baggern aus seiner gemütlichen Kellerwohnung unter der Wiese vertrieben, begibt sich auf eine abenteuerliche Reise und findet ein neues Zuhause.

Nur Mut, Josua! (Teil 1)

»Josua, wo bleibt die Kuscheltier-Kiste? Wir müssen los! Sonst ist der Umzugslaster vor uns an der neuen Wohnung!« Papa stürmt ins Kinderzimmer und bleibt wie angewurzelt stehen. »Sag' mal, Josua, hörst du schlecht? Ich hab' dir doch schon vor einer Stunde gesagt, dass du den Rest von deinen Spielsachen einpacken sollst! Im Auto ist extra eine Ecke freigelassen. Und du sitzt hier und starrst aus dem Fenster? Und die Kiste ist immer noch leer?« Josua antwortet nicht. Erst, als Papa ihn an der Schulter rüttelt, dreht er sich um. Und da sieht Papa, dass Josuas Augen ganz dick geschwollen und rot sind. »Aber Josi-Bär, was ist denn? Hast du geweint?«

Josua nickt und schon rollen ihm wieder dicke Tränen übers Gesicht. »Ich will hier nicht weg! Ihr habt mich gar nicht gefragt, ob ich auch umziehen will! Es ist mir auch egal, ob du in der anderen Stadt mehr verdienst. Und es ist mir egal, dass wir da genau neben einem Schwimmbad wohnen! Ich schaffe den Weg zu unserem Waldschwimmbad auch hier mit dem Fahrrad! Ich will bei meinen Freunden bleiben: Lilly und Mika. Und eine Nachbarin wie Tante Röse mit ihren süßen Kaninchen gibt's da auch nicht. Ich kann nicht weg, Papa. Ich schaffe das nicht. Ich bin noch viel zu klein. Ihr könnt ja später umziehen, wenn ich selbst groß bin und nicht mehr bei euch wohne!«

So viel hat Josua noch nie an einem Stück geredet, denkt Papa und nimmt ihn auf den Schoß. »Nun hör mir mal gut zu, mein Junge. Ich verstehe dich ja. Mir fällt es auch schwer, meine Kegel-Freunde zurückzulassen. Aber es geht nicht anders. Wir brauchen das Geld. Und dass du es schaffst, in der neuen Stadt klarzukommen, das weiß ich genau!«

»Kannst du ja gar nicht wissen!«, ruft Josua. »Wir ziehen ja das erste Mal um!«

»Doch kann ich das wissen!«, sagt Papa. »Du heißt ja schließlich Josua!«

»Na und? Ist doch egal, wie ich heiße. Umzug ist Umzug, ob ich nun Fabian oder Josua heiße!«

»Oho, mein Freund, das ist ganz und gar nicht egal! Wer ein richtiger Josua ist, der lässt sich nicht so schnell Angst machen. Der traut sich sogar, eine ganze Stadt mit Festung einzunehmen!«

»Wen meinst du denn, Paps?« Josua ist neugierig geworden. »Einen echten Ritter, der eine Burg erobert?«

»So ähnlich! Also, hör zu. Die Geschichte, die ich dir erzähle, steht in der Bibel. Das ist das dicke Buch, in dem viele Geschichten von Gott und den Menschen aufgeschrieben sind.«

»Das weiß ich schon, Papa! Auch von dem Jesus!«

»Ja, aber unsere Geschichte ist schon aufgeschrieben worden, da war Jesus noch gar nicht auf der Welt!«

»Jetzt erzähl doch, Papa!« Josua kuschelt sich auf Papas Schoß und hört aufmerksam zu.

»Vor langer Zeit muss das Volk Israel in Ägypten für den ägyptischen König schuften und wird dabei auch noch ausgepeitscht. Als Gott das sieht, sucht er sich den Mose aus. Der soll die Israeliten befreien. Keine leichte Aufgabe! Zuerst werden die Flüchtlinge von ägyptischen Kriegswagen verfolgt, dann müssen sie viele Jahre durch die Wüste ziehen und Hunger und Durst aushalten. Aber irgendwann ist es soweit. Sie sind an der Grenze zu dem Land angekommen, das Gott ihnen ausgesucht hat. Es ist ein wunderbares Land, in dem Milch und Honig fließen. Dort soll es den Israeliten so richtig gut gehen. Mose ist sehr alt geworden. Er steigt auf einen Berg, schaut sich das wunderbare Milch- und Honig-Land an, dankt Gott, und dann stirbt er.«

»Das ist ja gemein!«, ruft Josua. »Der arme Mose! Endlich hat er es geschafft und dann muss er sterben!«

»Ja, so ist das manchmal im Leben!«, sagt Papa. »Immerhin

hat er das Land noch sehen dürfen. Jetzt hör aber, wie es mit den Israeliten weitergeht. Wenn du denkst, sie laufen einfach lachend den Berg herunter und lassen sich den leckeren Honig und die frische Milch schmecken, dann hast du dich geirrt, mein Sohn! In diesem wunderbaren Land leben nämlich schon andere Leute, die Kanaaniter, und die finden es erst mal gar nicht so toll, dass ein anderes Volk auch noch bei ihnen einziehen will. Könnte ja eng werden! Das wissen die Israeliten natürlich und haben ein ganz mulmiges Gefühl im Bauch, wenn du weißt, was ich meine!«

»Klar, Papa, die haben Schiss!«

»Richtig, die haben Angst, dass die Kanaaniter sie gar nicht rein lassen, sondern wieder zurück nach Ägypten jagen. Und jetzt kommt Josua ins Spiel. Josua, dein Namensbruder aus der Bibel!«

»Und wer ist das?«, fragt Josua gespannt.

»Ein Mann aus dem Volk Israel. Der hört plötzlich Gottes Stimme: ›Josua, Mose lebt nicht mehr! Du sollst mein Volk in das Land, das ich euch versprochen habe, hineinführen.‹ Josua ist total erschrocken! ›Ich doch nicht! Ich kann das nicht! Ich bin nur ein einfacher Mann. Niemand hört auf mich!‹, denkt er. Aber da sagt Gott den Satz zu Josua, den wir dir als Taufspruch ausgesucht haben, Josi-Bär:
Lass dir nicht grauen und fürchte dich nicht! Denn ich, dein Gott, bin bei dir, wohin du auch gehst.« (Josua 1,9)

»Lass dir nicht was?«, fragt Josua seinen Papa. Der antwortet: »Lass dir nicht grauen und fürchte dich nicht, das heißt: Nur Mut, Josua! Hab' vor nichts Angst. Ich bin ja immer bei dir! Und so kommt es auch. Und jetzt ist die Geschichte fast doch ein Ritterabenteuer. Aber das kann ich dir leider erst heute Abend in der neuen Wohnung erzählen, weil wir jetzt unbedingt los müssen!«

Josua und sein Papa packen die Kuscheltiere ein, verladen sie ins Auto und machen sich auf den Weg.

Und was meint ihr? Ist Josua immer noch so traurig?

(Die Kinder teilen ihre Vermutungen mit.)

Ein bisschen traurig ist Josua schon noch, er möchte ja gar nicht umziehen, aber vor allem ist er total gespannt, wie die Geschichte von seinem biblischen Namensbruder weitergeht. Ihr auch? Dann freut euch auf den 2. Teil, den wir morgen/nächstes Mal hören ...

Nur Mut, Josua! (Teil 2)

In der neuen Wohnung von Josuas Familie ist es noch ganz schön chaotisch, wie ihr euch denken könnt. Sie sind ja auch gerade erst eingezogen. Überall stehen Kisten rum, die noch ausgepackt werden müssen. Immerhin sind die Betten schon aufgebaut. Spät am Abend lässt sich Josua auf seine Matratze fallen. »Papa, komm, ich bin so weit! Ich will die Geschichte weiter hören!«, ruft er. Und schon sitzt Papa bei ihm am Kopfende und erzählt:

»Das Volk Israel ist am Ziel. Nur noch der Fluss Jordan trennt es vom Land, in dem Milch und Honig fließen. Schnell sind die Zelte am Fluss aufgeschlagen. Die Israeliten schauen gespannt hinüber. Sie sehen hohe Mauern und Türme. Die gehören zu der mächtigen Stadt Jericho. Erst wenn sie Jericho erobert haben, können sie in das Land ziehen. Josua schickt zwei mutige Männer als Spione los. ›Schleicht euch in die Stadt‹, sagt er, ›und seht euch genau um. Wir müssen wissen, wie dick die Mauern sind und wo die Soldaten entlanglaufen, damit wir planen können, wie wir Jericho einnehmen.‹

Die Männer schwimmen durch den Jordan, schleichen sich heimlich durch das Stadttor und kundschaften alles genau aus. Als es dunkel wird, nehmen sie sich ein Zimmer bei einer Wirtin, die Rahab heißt. Es dauert nicht lange, da poltern Wachsoldaten an der Tür: ›Rahab, gib die fremden Männer raus!‹, rufen sie. Rahab überlegt kurz und versteckt die beiden dann auf ihrem flachen Dach. Erst dann öffnet sie den Soldaten und erzählt, dass die Männer schon auf und davon sind. Die Soldaten stürmen los, um die Flüchtlinge einzuholen. Rahab aber holt die beiden aus ihrem Versteck. ›Dafür, dass ich euch geholfen habe, müsst ihr mein Haus aber verschonen, wenn ihr die Stadt erobert‹, bittet sie die Männer. Dann bindet sie ein langes rotes Seil am Fenster fest und lässt die beiden daran in der Nacht an der Stadtmauer herunter.

Zurück im Lager erzählen sie Josua von den Mauern und von den Soldaten und dass Gott ihnen bestimmt helfen wird, Jericho zu erobern. Da macht sich Josua mit allen Israeliten auf den Weg. Er denkt an das, was Gott zu ihm gesagt hat: ›Nur Mut, Josua! Ich bin mit dir, wohin du auch gehst.‹«

»Und schaffen sie es, Papa? Können sie Jericho einnehmen?«, fragt Josua ungeduldig. »Jawohl, sie ziehen ein paar Mal um die Stadtmauer, blasen lautstark in ihre Posaunen und schreien wie verrückt.«

»Warum das denn?« Josua lacht.

»Vielleicht, damit die Leute in Jericho verwirrt sind?«, überlegt Papa. »Jedenfalls gibt es dann auch noch ein Erdbeben. Die Stadtmauer und alle Häuser wackeln und stürzen ein. Nur das von Rahab mit dem roten Seil am Fenster bleibt ohne jeden Riss stehen. Die Israeliten können jetzt ganz einfach über die Trümmer steigen und die Stadt besetzen. Von Jericho aus ziehen sie weiter ins Land hinein, bauen Häuser und bepflanzen Äcker. Endlich wohnen sie in dem Land, das Gott ihnen ausgesucht hat.«

»Das war's?«, fragt Josua.

»Jawohl, Josi-Bär. Wie geht es dir eigentlich heute Abend?«

»Ganz gut! Ist cool, mein neues Zimmer. Aber ich hab` Angst vor der neuen Schule (dem neuen Kindergarten) und den fremden Kindern.«

»Was? Du hast immer noch Angst? Das gibt`s doch nicht!«, scherzt Papa. »Du heißt doch Josua! Nur Mut, Josua, sagt Gott. Schon vergessen? Er geht mit dir, auch in die neue Schule (den neuen Kindergarten).«

»Aber ein Erdbeben wird er wohl nicht auch noch schicken, damit mir die neuen Kinder Platz machen, was?«, lacht Josua.

»Na, hoffentlich nicht!«, meint Papa.

»Kannst du mir den Satz mal aufschreiben, den der Gott zu Josua gesagt hat?«, bittet Josua.

»Wird gemacht, und jetzt sag' ich ihn dir noch mal, damit du besser einschläfst: ›Lass dir nicht grauen und fürchte dich nicht, denn ich, dein Gott, bin mit dir, wohin du auch gehst. Amen.‹«

»Amen. Und gute Nacht, Papa. Hab' du auch keine Angst vor der neuen Arbeit, auch wenn du nicht Josua heißt.«

Und schon fallen ihm die Augen zu.

(Andrea Braner)

Gespräch mit den Kindern

Musstet ihr auch schon mal umziehen? Oder ist eine Freundin/ein Freund von euch weggezogen? Habt ihr auch schon mal Angst vor etwas Neuem gehabt?

Mia-Maus und Fritze-Frosch

Auf der einen Seite des Bauernhofs lebt die Mäusefamilie in ihrem gemütlichen Mauseloch unter einer alten dichten Hecke. Im Mauseloch kuscheln die Mäuse gern eng aneinander, weil ihnen dann so schön warm ist. Und wenn sie Hunger haben, trippeln sie auf den Acker, um sich Körner zu holen. Manchmal huschen sie heimlich in die Küche der Bäuerin, um sich ein Stück Käse und Wurst zu stibitzen. Ihre Beute teilen sie im Mauseloch, toben noch ein bisschen und schlafen dann ein.

Auf der anderen Seite des Bauernhofs lebt die Froschfamilie im Schilf am Teich. Morgens nimmt sie ein erfrischendes Bad. Die Frösche planschen fröhlich im Wasser herum, tauchen und schwimmen. Sie suchen sich einen Platz auf den Seerosenblättern, warten ganz still, und wenn dann eine Libelle oder eine Mücke vorbeifliegt, springen sie vor, strecken ihre langen klebrigen Zungen aus und schnappen sich das Insekt. Und noch eins, und noch eins, bis sie satt sind. Am Abend geben sie ein schönes quakendes Froschkonzert. Die Mäuse halten sich die Ohren zu. Was für ein Lärm!

Nur Mia-Maus findet die Musik wunderschön und bittet ihre Eltern, für ein paar Tage zu den Fröschen ziehen zu dürfen. Sie möchte gern Sängerin werden und bei den Fröschen singen lernen. Die Eltern erlauben Mia den Wunsch. Der Abschied fällt Mia nicht leicht. Sie umarmt ihre Eltern und Geschwister und macht sich ein bisschen ängstlich auf den Weg. Noch nie war sie allein unterwegs, weit weg von ihrer Familie und dem gemütlichen Mauseloch. Ja, und dann ist sie bei den Fröschen. Die begrüßen Mia und sie versucht, alles so zu machen wie die Frösche auch: Im Wasser schwimmen, auf den wackeligen Seerosenblättern sitzen, Insekten jagen. Die schmecken Mia nicht. Alles ist anders als zu Hause. Und das Singen erst! Es klappt nicht gleich. Mia ist traurig. Und fühlt sich allein zwischen den quakenden, fremden Fröschen. Und möchte lieber zu Hause sein. Aber dann freundet sie sich mit Fritze-Frosch an, und der bringt Mia das Singen bei. Die beiden haben viel Spaß zusammen. Und dann nimmt Mia Fritze-Frosch mit in die Mäusefamilie und Fritze versucht, alles zu machen wie die Mäuse: Im Mauseloch kuscheln, Körner fressen, sich vor der Katze verstecken, piepsen ...

(Andrea Braner)

■ ÜBUNGEN UND SPIELE

Mia-Maus und Fritze-Frosch

Die Kinder hören die Geschichte (s. S. 46) und teilen sich auf in eine Gruppe Mäuse und eine Gruppe Frösche. Ein Kind ist Mia-Maus, ein anderes Fritze-Frosch. Die Spieler/innen verkleiden sich und richten sich Spielplätze her: Ein gemütliches Mauseloch aus Stühlen und Decken bauen, mit großen Tüchern oder Decken einen Froschteich mit Seerosenblättern legen, ein Ufer dazu ... Nach einem Gongschlag beginnt das Spiel für alle gleichzeitig. Die Kinder spielen zu der Geschichte, ohne zu reden, Geräusche sind erlaubt (piepsen, quaken ...). Möglich ist auch, den Text gar nicht noch einmal zu lesen, sondern die Kinder einzuladen, die Geschichte frei nachzuspielen. Zuletzt erklingt wieder der Gong. Die Kinder setzen sich und erzählen einander, wie sie sich in ihrer Rolle gefühlt und was sie erlebt haben.

Koffer packen

Vor einer Reise wird der Koffer gepackt. Der Reihe nach zählen die Kinder auf, was in den Koffer kommt. Bevor sie ein neues Teil nennen, zählen sie die bereits von den anderen Kindern genannten Dinge auf. Helfen ist erlaubt! Ausscheiden muss niemand!

1. Kind:
»Ich packe meinen Koffer und nehme meine Leggins mit.«
2. Kind:
»Ich packe meinen Koffer und nehme meine Leggins und ein Kuscheltier mit ...«

Variante:
Die Kinder zählen auf, was sie zu Hause lassen müssen!
1. Kind:
Ich verreise und muss meinen Hamster zu Hause lassen.
2. Kind:
Ich verreise und muss meinen Hamster und mein Fahrrad zu Hause lassen ...
3. Kind:
Ich verreise und muss meinen Hamster, mein Fahrrad und meinen Freund zu Hause lassen ...

Mein rechter, rechter Platz ist frei

Alle sitzen im Kreis, ein Stuhl ist frei. Das Kind links neben dem freien Stuhl beginnt: »Mein rechter, rechter Platz ist frei, ich wünsche mir Sofie herbei!« Sofie wechselt die Plätze. Das Kind links vom eben frei gewordenen Platz fährt fort: »Mein rechter, rechter Platz ist frei, ich wünsche mir Jan-Luca herbei« usw. ...

Auch hier heißt es also Abschied nehmen und einen neuen Platz einnehmen.

■ KREATIVES

Pinnwand für Urlaubskarten der Kinder anbringen

Abschiedsmappen: Vor dem Wechsel aus dem Kindergarten in die Schule oder von der Grundschule in die weiterführende Schule bekommen die Kinder Erinnerungsmappen, in denen Fotos und selbst gemalte Bilder und Bastelarbeiten aufbewahrt sind.

Begrüßungsbriefe: Kinder, die neu in den Kindergarten oder in die Grundschule kommen, erhalten schon vorher Post von der neuen Gruppe/Lehrerin: Wir freuen uns auf dich!

Paten: Neue Kinder bekommen ältere Patenkinder zugeteilt, die sich schon auskennen und sich die erste Zeit besonders um die neuen kümmern (auch in der Kinderkirche).

Lebensleporello: Die Kinder bekommen von zu Hause Kopien von Fotos mit, die sie in ihren unterschiedlichen

Lebensphasen zeigen: Geburt, Familie, Krabbelgruppe, Kindergarten, Schule, Freunde ...

Die Fotos werden auf eine zum Leporello gefaltete Tonpapierbahn geklebt. Nun können die Kinder dazu noch malen (schreiben) und verzieren. Idee dahinter: So viel Neues habe ich schon bewältigt.

■ RITUALE, LIEDER UND GEBETE

Begrüßungs- und Abschiedsrituale sehen im Kindergarten, in der Kinderkirche und in der Grundschule unterschiedlich aus. Für alle gleichermaßen wünschenswert ist, dass mit ihnen jedes Kind zur Begrüßung aufmerksam wahrgenommen und freundlich willkommen geheißen wird. Ein Abschiedsritual gibt dem Kind zu verstehen: Alles Gute für den Weg, den du jetzt gehst, bleib' behütet, ich freue mich/wir freuen uns aufs Wiedersehen.

Rituale zur Begrüßung

Ein Begrüßungslied wird gesungen. Jetzt ruft das erste Kind seinen Vornamen laut in die Runde, alle Kinder wiederholen den Namen als Echo. Das nächste Kind ruft seinen Namen, alle wiederholen ihn ... Wenn etwa fünf Kinder an der Reihe waren, wird das Begrüßungslied wiederholt und die Namensreihe dann fortgesetzt ... Folgende Lieder eignen sich gut dafür:

Hey schön, dass Du da bist

Text und Musik:
Andreas Schley 2004
Alle Rechte beim Autor

Strophen zu diesem Lied siehe nächste Seite ▷

2. Du trägst einen Namen,
den möchten wir gerne hören, ja das wäre schön.
(Kind nennt seinen Namen)
||:Hey schön, dass du da bist.
Und schon ist der nächste dran.:||

Aufführungshinweis:
Zur Vorstellung der Kinder mit Namensnennung wird in
der Widerholung nur die 2. Hälfte der 2. Strophe gesungen.
Beim letzten Kind wird die letzte Textzeile der 1. Strophe
gesungen (»Und wir fangen auch gleich an«). Dann folgt
nochmals die 1. Strophe.

Ich bin da, das ist wahr

Text und Melodie:
Hanni Neubauer
Aus: Religionspädagogische
Praxis 1/2002, S. 10
© RPA-Verlag GmbH,
www.rpa-verlag.de

2. Ich bin da, ich bin da, ich bin da,
das ist wahr, das ist wunderbar.
Mit dem Kopfe, mit den Füßen,
mit den Händen zu begrüßen.
Mit dem Herzen bin ich da, das ist wunderbar.

3. Ich bin da, ich bin da, ich bin da,
das ist wahr, das ist wunderbar.
Um zu hören, um zu sehen,
um zu riechen, um zu schmecken.
Um zu rufen, ich bin da, das ist wunderbar.

Weitere Lieder:

Guten Tag, ihr seid willkommen
   (DL1 Nr. 4, KG 177, LJ 545, MKL2 Nr. 47)
Ein jeder kann kommen, für jeden machen wir die Türe auf
   (LJ 512, MKL2 Nr. 28)

Körperübung

Alle stehen im Kreis. Der/die Spielleiter/in geht mit einem Korb voller Chiffontücher herum, jede/r sucht sich eins aus. Das erste Kind nennt seinen Namen und macht mit seinem Tuch eine Bewegung, die ausdrückt, wie es sich gerade fühlt. Alle anderen wiederholen den Namen und machen die Bewegung nach. Das nächste Kind ist an der Reihe ...

Gestaltungsidee

In der Gruppe gibt es ein selbst gemachtes Wandbild, z.B. einen Teich, aus Tonpapier ausgeschnitten, in dem viele Fische schwimmen (pro Kind ein ausgeschnittener Fisch mit Name des Kindes). Immer, wenn sich die Gruppe trifft (also morgens in der Kita/in der Schule oder sonntags/samstags in der Kinderkirche), kleben die Kinder einen Glitzerpunkt (als bunte Schuppe) auf den Fisch. Mit der Zeit werden die einzelnen Fische und das Gesamtbild immer bunter: Schaut, so oft sind wir schon zusammengekommen, bist du schon dabei gewesen. Statt Fischteich kann es auch eine Blumenwiese sein o.ä.

Rituale zum Abschied

Ein gemeinsamer Abschied beschließt das Zusammensein. Werden in der Kita die Kinder zu unterschiedlichen Zeiten abgeholt, ist zu überlegen, ob um die Mittagszeit, wenn die meisten nach Hause geholt werden, die Gelegenheit dazu passend ist.

51

Tschüss, mach's gut, es war schön, dich zu sehn

Zwischenspiel:

Text und Musik:
Bernd Schlaudt
Alle Rechte beim Autor

Passende Bewegungen:

Tschüss, mach's gut	*(alle winken sich zu)*
es war schön dich zu sehn.	*(aufeinander zeigen)*
Leider ist Schluss	*(Arme bedauernd anheben)*
und wir müssen gehen.	*(auf der Stelle laufen)*
Pass gut auf dich auf,	*(Zeigefinger anheben)*
auf Wiedersehn.	*(Hände der Nachbarn drücken)*
Tschüss, mach's gut,	
es war schön, dich zu sehn.	*(winken)*

Weitere Lieder:

Gehn wir in Frieden (DL1 Nr. 54, KG 219)
In der Mitte steht eine brennende Kerze. Alle laufen im Kreis, fassen sich dabei an den Händen. Mehrmals singen und laufen.

Gott, dein guter Segen ist wie ein großes Zelt
(DL1 Nr.53, DS 121, LJ 382, KG 220, KiGoLo 148)
(Eine oder zwei Strophen, die die Kinder auswendig lernen, nicht alle sechs.)

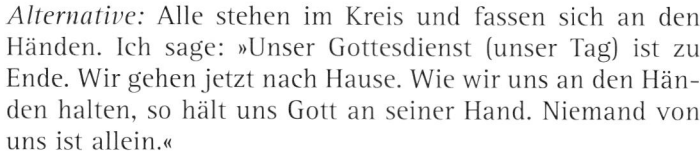

Segensworte

Alle stehen im Kreis. Ich sage: »Gott segnet uns, und wir können seinen Segen weitergeben«. Ich beginne und stelle mich vor meine linke Nachbarin. Sie öffnet ihre Hände zur Schale, ich lege meine abdeckend darauf und sage: »Gott segne dich.« Ich stelle mich zurück in den Kreis, die von mir Gesegnete geht zum nächsten Kind, segnet es usw.
Anschließend sage ich: »Wir gehen jetzt nach Hause. Gott geht mit einem jeden von uns, mit dir, Aaron und mit dir, Lisa, und mit dir, Anton ... Gott schütze und behüte euch!«

Alternative: Alle stehen im Kreis und fassen sich an den Händen. Ich sage: »Unser Gottesdienst (unser Tag) ist zu Ende. Wir gehen jetzt nach Hause. Wie wir uns an den Händen halten, so hält uns Gott an seiner Hand. Niemand von uns ist allein.«

Alternative: Ich nehme ein Schälchen mit duftendem Salböl und gehe von Kind zu Kind, betupfe die Handinnenfläche damit und sage: »Gottes guter Segen begleite dich wie dieser gute Duft.«

Alles hat seine Zeit!

Natürliche Lebens- und Sterbeprozesse beobachten und annehmen

■ ZUM ÜBERDENKEN

Alles, was lebt, ist eingebunden in den natürlichen Kreislauf von Werden und Wachsen, Wandeln und Sterben.

— Eine Pflanze wächst heran und bildet Blüten und Früchte, bis sie ihre Kraft einbüßt, verwelkt und abstirbt. Aus ihren Samen wachsen im Jahr darauf neue Pflanzen.

— Tiere und Menschen werden geboren, wachsen und entwickeln sich, zeugen und gebären neues Leben, verändern sich mit zunehmendem Alter, verlieren an Lebenskraft, sterben und machen Platz für die neue Generation.

Beobachten wir diese natürlichen Lebens- und Sterbeprozesse intensiv und bewusst mit Kindern, lernen sie, dass es sich dabei um die »normalste Sache der Welt« handelt, die nicht erschrecken muss, sondern eine gute, weise Einrichtung ist.

Der Prediger im Alten Testament weiß, dass alles, was auf der Erde geschieht, seine von Gott bestimmte Zeit hat:

> Geboren werden und sterben;
> einpflanzen und ausreißen;
> töten und Leben retten;
> niederreißen und aufbauen;
> weinen und lachen;
> wehklagen und tanzen;
> Steine werfen und Steine aufsammeln;
> sich umarmen und sich aus der Umarmung lösen;
> finden und verlieren;
> aufbewahren und wegwerfen;
> zerreißen und zusammennähen;
> schweigen und reden.
>
> (Kohelet 3,2-7, Gute Nachricht Bibel)

Die praktischen Anregungen möchten dabei helfen, die eine von der anderen Zeit zu unterscheiden und das Loslassen einzuüben.

■ PRAKTISCHE ANREGUNGEN

1. Aus der Pflanzenwelt

Geschichte: Leos Apfelbäumchen

Immer, wenn Leo Oma besucht, führt ihn sein erster Weg in ihren Garten. »Hallo, Apfelbäumchen!«, ruft er und legt sein Gesicht zur Begrüßung an die raue Rinde des Baumstamms. Opa hat am Tag, als Leo geboren wurde, den Baum als kleines Pflänzchen in die Erde gesteckt, damit er gleichzeitig mit Leo heranwächst. Leider kann sich Leo an seinen Opa nicht mehr erinnern, weil er schwer krank geworden und gestorben ist, als Leo noch ein Baby war.

»Umso besser, dass ich den Leo-Baum gepflanzt habe!«, hat Opa kurz vor seinem Tod zu Oma gesagt. »Immer, wenn mein Enkelsohn später in seinen Ästen herumklettert oder in einen saftigen Apfel beißt, denkt er vielleicht an mich!« Und das tut Leo! Im Frühling schneidet er ein paar der weiß-blühenden Zweige des Apfelbäumchens ab und bringt sie Opa auf den Friedhof. Im Sommer klettert er unter das dichte grüne Blätterdach und denkt sich Leo-Opa-Abenteuergeschichten aus. Und im frühen Herbst pflückt Leo nicht nur für sich selbst und Oma von den reifen Äpfeln, sondern auch einen besonders rotbackigen für Opa, den er ihm auf den Grabstein legt.

Als Leo an einem nasskalten, windigen Herbsttag in Omas Garten läuft, um dem Leo-Baum Hallo zu sagen, bleibt er wie angewurzelt stehen. Das gibt's doch nicht! Da hängen ja nur noch ein paar wenige Blätter am Baum, und die sehen ganz krank aus: bräunlich-gelb und fleckig. Und es dauert sicher nicht mehr lange, und der Wind hat auch sie abgerissen. Dann wird das Bäumchen ganz nackt sein. »Oma, Oma, mein Leo-Baum ist krank! Komm schnell, der braucht einen Arzt! Sonst stirbt er auch, genau wie Opa!«, ruft Leo außer sich vor Sorge.

Oma legt ihren Arm auf Leos Schulter. »Aber Leo, dein Bäumchen ist nicht krank! Er verliert wie fast alle Laubbäume im Herbst seine Blätter. Wie tot steht er dann da, aber er lebt! Er ruht sich nur aus für den Frühling, wenn neue Blätter und Blüten und schließlich Äpfel heranwachsen.«

»Und im nächsten Herbst, verliert er da wieder seine Blätter?«, will Leo wissen.

55

»Jawohl, das ist ein richtiger Kreislauf. Wenn du willst, fotografiere ich dich mit deinem Bäumchen zu jeder Jahreszeit, dann kannst du sehen, wie sich der Baum im Laufe des Jahres verändert und was mit ihm passiert.«

»Und wie ich mich verändere, das sehen wir dann auch!«, ruft Leo. »Jawohl, Leo. Bleib' mal hier stehen, ich hole schnell die Kamera und schieße das erste Foto von euch beiden. Einverstanden?«

»Okay«, sagt Leo und wirbelt mit beiden Händen die heruntergefallenen Blätter seines Apfelbäumchens in die Höhe.

(Andrea Braner)

Aktion: Unser Gruppen-/Klassenbaum

Die Gruppe sucht sich einen Baum auf dem Gelände aus und legt ein »Baumtagebuch« an: Jahreszeit aufschreiben, passend dazu Blüten und Blätter pressen und einkleben, ein Stück Rinde (man kann auch ein Blatt Papier an den Stamm legen, die Struktur der Rinde mit Bleistift auf das Papier schraffieren und dieses Blatt dann einheften), einen kahlen Zweig, dazu jeweils ein Foto vom Baum und der Kindergruppe. Trägt er Früchte, diese verarbeiten und essen: z.B. Apfelringe trocknen lassen, Obstsalat herstellen ... Im Herbst eine Blätterschlacht veranstalten, Nistkasten aufhängen, im Winter Vogelfutter (Meisenringe o.Ä.) hineinhängen. Den Baum erzählen lassen. Dazu ein Zweiglein im Kreis herum geben, wer mag, erzählt: »Heute hat mich eine ganze Spatzenfamilie besucht. Ich sage euch, das war ein Piepen und Flattern. Ich habe mich sehr gefreut!«

Den Baum aus unterschiedlichen Perspektiven wahrnehmen: ins Gras legen und hinaufschauen, hineinklettern, daran schaukeln ...

Wer keinen Baum vorfindet, pflanzt vielleicht gemeinsam mit den Kindern ein eigenes Gruppen- bzw. Klassenbäumchen.

Kreatives: Fensterbilder Jahreszeitenbaum

Material:
- stabiles Tonpapier in Schwarz,
- Transparentpapier in Rosa, Hellgrün, Orange und Weiß (Frühling, Sommer, Herbst und Winter),
- schwarze Tusche, Trinkhalme, Schaschlik-Holzstäbchen,

- Plakafarben in Weiß, Rot, Gelb, Lila, Dunkelgrün, Hellgrün,
- Pinsel, Schwämmchen, Klebstoff, Schere, Küchenpapier

Anleitung:

Derselbe einfache Baumumriss wird für jede der vier Jahreszeiten zweimal ausgeschnitten. Das Transparentpapier (Rosa für Frühling, Hellgrün für Sommer, Orange für Herbst, Weiß für Winter) so zuschneiden, dass es das Innere der Baumkrone ausfüllt, während der Stamm komplett aus schwarzem Tonpapier ausgeschnitten ist.

Die Äste und Zweige werden folgendermaßen gestaltet: Mit einem Holzstäbchen immer wieder einen Tropfen Tusche auf das Transparentpapier setzen und mit einem Trinkhalm aufwärtsblasen. Spucktröpfchen mit Küchenpapier wegtupfen. Für die Blüten, Blätter und Früchte geben die Kinder mit einem Pinsel etwas Farbe auf ein Schwämmchen und betupfen die Bäume in den typischen Farben.

- Frühling: weiße und hellgrüne Tupfen auf das rosa Transparentpapier,
- Sommer: dunkelgrüne und rote (Äpfel, Kirschen) oder lila (Pflaumen) Tupfen,
- Herbst: rote und gelbe Tupfen für die welkenden Blätter
- Winter bleibt ohne Tupfen.

Entweder gestalten sich die Kinder für zu Hause diese Jahreszeitenbäume in kleinerem Format, oder die Gruppe gestaltet vier große Bäume gemeinsam für das Gruppenfenster, das möglichst nicht nach Süden gehen sollte, da die Sonne die Farben des Transparentpapiers schnell ausbleicht.

Geschichte: Der Kern

von Bärbel Haas

32 Seiten, laminierter Pappband, , 5. Auflage 2003, GT Verlag (Verlag wurde inzwischen aufgegeben), Würzburg, ISBN 978-3-924561-20-8

Ein Bilderbuch mit sparsamem Text und schönen Bildern. Beschreibung der Entwicklung des Sonnenblumenkerns zur Sonnenblume, die wiederum Samenkerne bildet, die zu neuen Blumen heranwachsen.

(In Verbindung mit den Wort Jesu im Johannesevangelium zu sehen, Kapitel 12,24 »Wenn das Weizenkorn nicht in die Erde fällt und erstirbt, bleibt es allein; wenn es aber erstirbt, bringt es viel Frucht.«)

Kreatives

Sonnenblumenkerne in Töpfen aussäen, die herangewachsenen Pflänzchen in den Garten pflanzen, später die Sonnenblumenkerne ernten und für eine neue Aussaat aufheben oder als Vogelfutter verwenden.

Körperübung

Decken oder Matten werden auf dem Boden ausgebreitet, jedes Kind sucht sich darauf einen Platz mit genügend Abstand zum Nachbarn/zur Nachbarin. Der/die Spielleiter/in erklärt, dass die Decken das Erdreich sind und die Kinder Sonnenblumenkerne darstellen sollen, die der Bauer aufs Feld gesät hat. Sonnenblumenkerne sind stumm, darum werden die Kinder gebeten, während dieser Übung auch still zu sein und sich auf der Decke zu einem kleinen Kern zusammenzurollen. Eine meditative Hintergrundmelodie erklingt. Der/die Spielleiter/in oder ein anderer/eine andere Mitarbeiter/in legt jedem Kind ein Baumwoll- oder Chiffontuch auf den Körper. Das ist die Erde, die auf den Kernen liegt. Während der/die Spielleiter/in langsam und mit genügend Pausen erzählt, bewegen sich die Kinder dazu. Als Signal am Anfang wird eine Triangel oder ein Gong angeschlagen.

»Die Sonnenblumenkerne schlummern tief unten in der braunen Erde. Ganz still und gemütlich ist es hier unten. Die Mittagssonne ist am Himmel emporgeklettert. Ihr werdet gleich spüren, dass sie euch wunderbar wärmt.

> (Spielleiter/in und/oder Mitarbeiter/innen gehen von Kind zu Kind und legen ihre Hände auf das Tuch – solange, bis der Rücken des Kindes warm wird; dasselbe beim nächsten Kind machen usw.)

Nun kommt ein sanfter Regen und erfrischt die Erde und auch euch.

> (Mitarbeiter/innen gehen von Kind zu Kind und trommeln mit den Fingerspitzen auf die Rücken.)

Langsam werdet ihr munter. Ihr wachst ein Stückchen, reckt und streckt euch.

Und weiter geht's: Ihr wachst weit in die Höhe, bildet eine große, runde Sonnenblumenblüte, streckt euch der Sonne entgegen. Nun kommt ein heftiger Wind.

(Mitarbeiter/innen laufen mit Tüchern, die sie stürmisch hin- und herbewegen, und mit Windgeräuschen, die sie mit der Stimme produzieren, durch das Sonnenblumenfeld.)

Ihr werdet von einer Seite zur anderen geschüttelt. Schließlich beruhigt sich das Wetter wieder. Eure Sonnenblumenkerne, die in der Blüte gewachsen sind, hat der Wind in alle Himmelsrichtungen verstreut.

Mit der Zeit werdet ihr müde, eure Blüte und eure Blätter welken und werden schlaff. Ihr beugt euch immer weiter zur Erde, bis ihr wieder auf dem Boden liegt.

Irgendwann zerfallt ihr ganz und gar und werdet selbst zur Erde. Legt euch auf die Decken, wir breiten Tücher über euch aus. Nun seid ihr eins mit der Erde, aus der im kommenden Jahr aus euren Sonnenblumenkernen neue Sonnenblumen wachsen.«

(Triangel/Gong erklingt als Signal für den Abschluss.)

Die Kinder erzählen sich, wie sie sich als Kern und Blume und schließlich eins mit der Erde gefühlt haben.

Was erzählt das Schneckenhaus?

Die Kinder sitzen alle im Kreis. Wenn es viele Kinder sind, bitte Kleingruppen mit etwa fünf bis sieben Kindern bilden. Die Kinder werden gebeten, die Augen zu schließen und die Hände im Schoß zu öffnen, damit der/die Spielleiter/in einen Gegenstand hineinlegen kann. »Keine Angst, ich habe keine ekeligen oder gefährlichen Dinge mitgebracht«.

Jedes Kind bekommt nun ein Teil in seine Hände gelegt, z.B.: leere Muschel, Schneckenhaus, Zweig, Stein, Baumrinde, Vogelfeder, Getreidekerne, Kiefern- oder Tannenzapfen, Nussschale, Igelhülle von Kastanien.

Der/die Spielleiter/in erklärt: »Wenn der Triangel-Ton erklingt, tastet euren Gegenstand ganz genau ab. Wie fühlt er sich an? Riecht auch mal dran, reibt ihn euch über die Wange. Wie er wohl aussieht? Welche Farbe und welche Form er hat? Prägt euch den Gegenstand genau ein, damit ihr wisst, wann er wieder bei euch angekommen ist, wenn wir die Teile jetzt an die Nachbarn weiterreichen.«

Wenn die Triangel von Neuem ertönt, reichen die Kinder ihren Gegenstand weiter. Sie befühlen den nächsten Gegenstand usw., bis ihr eigener Gegenstand wieder zurück ist. »Und nun schaut euch euer Teil an. Habt ihr es euch so vorgestellt? Denkt euch, euer Teil könnte reden. Es erzählt den anderen, was es so alles erlebt hat, bevor es zur leeren Hülle oder zum toten Zweig wurde.« Die Kinder lassen ihre Gegenstände reden, eins nach dem anderen. Vielleicht beginnt ein/e Mitarbeiter/in, um den Kindern zu verdeutlichen, wie es gehen könnte: »Ich bin das Weinbergschneckenhaus. Ich komme aus dem Park am See. Ein kleines Mädchen hat mich gefunden und mit hierher in den Kindergarten gebracht. Als in mir noch die Schnecke lebte, habe ich viel erlebt: Wir sind zusammen hierhin und dahin gekrochen, bis sich eines Tages ein Vogel mit seinem spitzen Schnabel die Schnecke aus dem Häuschen gezogen und gefressen hat.«

2. Aus der Tierwelt

Geschichten

● **Nie wieder Polly**

Ich bin Amelie und 6 Jahre alt. Heute ist etwas furchtbar Trauriges bei uns zu Hause passiert. Ich kann es noch gar nicht richtig glauben, aber es ist wahr. Ich muss nur runter in den Keller laufen und in Papas schwarze Jagdwanne schauen. Darin liegt unsere Polly, und zwar mausetot. Polly ist unser ganz helles Kaninchen mit weißem Fell und strahlend blauen Augen. Jetzt lebt nur noch Puschel. Puschel ist braun und hat dunkle, glänzende Knopfaugen. Die beiden springen im Sommer fröhlich bei uns im Garten in ihrem Freigehege herum und buddeln Löcher in den Rasen. Mama steckt dann hinterher Blumenzwiebeln in die Löcher und deckt sie mit Erde zu, damit sie zu etwas nütze sind. Im Frühling wachsen nämlich Krokusse und Narzissen aus unseren Kaninchenlöchern.

Aber jetzt ist Polly ja gestorben! Wir hätten sie noch so gern bei uns! Puschel tut uns schrecklich leid! Wie soll sie denn bloß ohne Polly leben? Das ist sie doch gar nicht gewohnt! Wer kuschelt sich jetzt im Stall an sie, wenn es abends dunkel und kühl wird? Und wer leckt ihr morgens zum Wachwerden mit der Zunge das Fell ab? Und wer streitet sich mit ihr darum, als Erste am Futternapf fressen zu dürfen?

Jetzt ist Puschel erst mal in Mareikes Zimmer. Mareike ist meine große Schwester, sie ist schon neun. Und ehrlich gesagt kümmert sie sich am meisten um die Kaninchen. Sie kann das einfach so gut! Mir zappeln sie zu wild. Ich nehme sie nur auf den Arm, wenn ich bei ihnen im Freigehege bin. Dann büxen sie wenigstens nicht aus, wenn sie mir vom Arm springen. Und den Stall mache ich auch nicht so gern sauber. Das stinkt und ist eklig. Aber Löwenzahn pflücke ich und bringe ihnen den.

Aber ich habe noch gar nicht erzählt, warum Polly tot ist. Heute ist Samstag und keine Schule, dafür müssen wir immer den Kaninchenstall sauber machen. Ich habe aber so getan, als würde ich noch schlafen, weil ich das ja so eklig finde. Mareike hat schon mal angefangen und Polly gepackt wie immer, um sie ins Freigehege zu setzen, damit sie den Stall besser ausmisten kann. Und dann hat sie gemerkt, dass Polly einen total gruselig-schiefen Hals hat. Sie hat laut geschrien: »Mama, komm schnell, ich hab' Polly den Hals verrenkt, Hilfe!« Und geweint hat sie auch. Wir sind zu ihr gerannt (ich im Nachthemd) und haben uns Polly angeguckt, und da war es gar nicht mehr unser süßes Kaninchen, sondern ein richtiges Monster mit verdrehtem Hals. Und wir haben Polly in den Stall zurückgesetzt, und Mama hat die Tierärztin angerufen. Die ist auch ans Telefon gegangen, obwohl die Praxis samstags zu ist, und hat gesagt: »Oh weh, ein schiefer Hals bei einem Kaninchen! Das ist was mit der Wirbelsäule. Vielleicht ein Tumor, der drückt. Wenn es ganz gelähmt ist, sollten wir es einschläfern. Wenn es mit seiner Behinderung zurechtkommt, lassen wir es einfach so, wie es ist. Ein Medikament gibt es nicht dagegen.«

Mareike hat immer noch gedacht, es ist vielleicht ihre Schuld, aber Mama hat ihr das ausgeredet. Wir sind dann alle wieder ins Haus gegangen. Und dann kam Papa aus der Klinik, wo er auch oft am Wochenende nach seinen Patienten sehen muss, wenn er Dienst hat. Er ist zu Polly gegangen und hat sie sich angesehen und uns hinterher erzählt, dass sie gar nicht mehr laufen kann und immer umkippt. Wir Mädchen haben schlimm geweint. Und Papa hat gefragt, ob wir Polly noch zur Tierärztin fahren wollen, um sie einschläfern zu lassen, oder ob er Polly selbst ganz schnell von seinem Leid erlösen soll. Da haben wir uns erst ganz erschrocken angesehen. Aber weil Papa zur Jagd geht und sich mit so etwas auskennt, haben wir gesagt, er soll Polly erlösen. Sie solle nicht bis Montag warten müssen, weil die Praxis dann erst wieder auf ist und sich nicht noch auf der

Autofahrt zur Tierärztin quälen müssen. Ein paar Minuten später war Polly tot, und ich habe mich getraut, Papa zu fragen, wie er es gemacht hat. Er hat Polly bei den Hinterläufen kopfüber gepackt und ihr einen festen Schlag mit einem Stock ins Genick gegeben. Schon war Polly tot. Ganz schnell und ohne dass sie sich aufregen musste.

Jetzt liegt sie ganz still in der Jagdwanne und rührt sich nicht mehr und hat keine Schmerzen mehr, aber die Augen sind offen. Das finde ich gruselig. Mareike hatte die Idee, dass wir uns zur Erinnerung Haare von Pollys Fell abschneiden. Und das haben wir auch gemacht und sie in ein wunderschönes kleines Döschen aus dem Eine-Welt-Laden gelegt, das oben drauf mit glitzernden Perlen verziert ist. Hinter das Döschen haben wir ein Foto von Polly gestellt, darauf lebt sie noch und guckt vergnügt in die Kamera. So bewahren wir ihr für immer ein ehrendes Andenken!

Nachher legen wir Polly in einen alten Schuhkarton. Den bemalen wir vorher schön und legen weiches Heu hinein, damit es wie ein weiches Bett für Polly ist. Papa gräbt ein tiefes Loch im Garten. Dahinein kommt der Karton mit Polly. Puschel kommt natürlich mit zur Beerdigung. Mareike kann sie ja tragen. Vielleicht singen wir Polly noch ein Lied, und dann schaufeln wir das Loch mit Erde zu und schmücken das Grab mit einem Salatpflänzchen, das darauf wachsen kann, weil Polly so gern Salat gefressen hat. Und Mia, meine kleine Schwester, hat schon zwei Holzleisten, die Papa ihr gegeben hat, bunt angemalt und »Polly« in Schönschrift darauf geschrieben. Papa nagelt uns die Leisten zusammen, damit sie wie ein Kreuz aussehen, und das stellen wir auch noch auf das Grab. Wenn wir das Freigehege ganz dicht an das Grab schieben, fühlt sich Puschel vielleicht nicht so allein. Das wünsch' ich ihr!

(Andrea Braner)

Gespräch mit den Kindern:

Habt ihr auch ein Haustier? War es schon mal krank? Ist schon mal eins gestorben? Habt ihr es beerdigt?

Abschied von Opa Elefant

Text von Isabel Abedi
Konzeption von Miriam Cordes
Ellermann Verlag, 1. Auflage 2006
32 S., Hardcover, ISBN 978-3-77078-4292-9

Opa Elefant verabschiedet sich von seinen Enkelkindern, um auf den Elefantenfriedhof zu gehen und zu sterben. Die Elefantenkinder versuchen sich vorzustellen, was nach dem Tod kommt. Opa Elefant spricht von einem großen Geheimnis, das jeder selbst erleben muss. Er verspricht, in anderer Weise bei den Enkelkindern zu bleiben: in ihren Träumen und Erinnerungen.

Leb wohl, lieber Dachs

Text von Susan Varley
Annette Betz Verlag, 1. Auflage 2012
32 S., Hardcover, ISBN 978-3-219-11528-4

Der Dachs war immer für die anderen Tiere da gewesen und hatte ihnen viel Nützliches und Schönes beigebracht: Schlittschuh laufen, Lebkuchen backen, Krawattenknoten schlingen ... Die Tiere sprechen gern und oft von ihrem alten Freund. Sie hüten ihre Erinnerung wie einen Schatz, und als der Schnee schmilzt, fließt auch ihre Traurigkeit dahin.

Aktion: Tier-Begräbnis

Finden die Kinder irgendwann ein totes Tier vor Ort, sollten Sie sich mit der Gruppe die Zeit nehmen, es anzusehen und darüber zu reden, wenn die Kinder es wünschen. Auch ein Begräbnis kann sehr eindrücklich und bedeutsam sein: Die Kinder nehmen einen Karton, legen Gras, Heu oder Watte hinein, darauf kommt das Tier. Zusammen mit den Kindern heben Sie ein Loch auf dem Grundstück aus und verbuddeln den Karton. Gern gestalten die Kinder Grabschmuck (Kreuz oder Stein anmalen). Abschied nehmen können alle mit einer Kerze, einem kurzen Gebet und einem Lied.
Dazu gibt es ein humorvolles Buch:

Die besten Beerdigungen der Welt

Ulf Nilsson, Eva Eriksson
Moritz-Verlag, 11. Auflage 2011
40 S., Pappband mit Fadenheftung, ISBN 978-3-89565-174-8

Drei Kinder gründen an einem langweiligen Tag ein Beerdigungsinstitut und richten für alle toten Tiere, die sonst niemand beachtet, die besten Beerdigungen der Welt aus!

3. Aus der Menschen-Welt

Geschichten

Luise und die bunten Socken, s. Seite 29

Biblische Geschichte: Simeon kann in Frieden sterben
(Lukas 2,22–32)

Der alte Simeon ist lebenssatt. Er wünscht sich, zu sterben.
So viel hat er schon erlebt in all den Jahren, die er auf der
Welt ist. Jetzt fühlt er sich müde und schwach. Aber etwas
hält ihn noch davon ab, für immer Lebewohl zu sagen. Denn
Gott selbst hat ihm versprochen: »Simeon, mein Freund, du
sollst nicht sterben, bevor du meinen lieben Sohn gesehen
hast. Er kommt als Retter und Heiland auf die Welt. Er wird
den Frieden bringen, den sich die Menschen wünschen.«
Und so wartet Simon, Tag für Tag am Tempel in Jerusalem.
Er stellt sich vor, Gottes Sohn kommt als Königskind daher,
reich geschmückt und von allen jubelnd und klatschend be-
grüßt, von Dienern und Soldaten umgeben. Viele Menschen
kommen zum Tempel, aber Gottes Sohn ist nicht darunter.
Eines Tages aber sieht Simeon eine junge Frau. Ärmlich ge-
kleidet ist sie und wird gestützt von ihrem Mann. Im Arm
trägt sie ihr kleines Kind. Simeon geht auf sie zu. „Darf ich
das Kind einmal halten?«, fragt er Maria, die Mutter. Die
reicht ihm den Kleinen und Simeon drückt ihn an sein altes
Herz. Freudentränen rinnen ihm über sein faltiges Gesicht
und er dankt Gott. »Nun habe ich gesehen, dass Gott als
armes Kind auf die Welt gekommen ist zu uns, den Armen,
Schwachen und Alten. Gott ist unter uns, nie wieder sind
wir allein. Darum kann ich jetzt in Ruhe sterben!«

Gespräch mit den Kindern:
Viele Leute, die sterben müssen, weil sie alt oder krank sind,
finden Trost und Halt, weil sie sich sicher sind: Gott ist bei
mir. Er lässt mich nicht allein.
Vielleicht kann eine alte Dame oder ein alter Herr aus der
Gemeinde kommen und den Kindern davon erzählen, dass
ihr/ihm Jesus im Leben wichtig ist und der Glaube an Gottes Nähe auch die Angst vorm Sterben nimmt.

Angst vor dem Meer und vor dem Sterben
(Matthäus 8,23–27)

(Veröffentlicht in: Jürgen Koerver, Herr Gottreich lädt zum Fest. Biblische und beinahe biblische Geschichten, Verlag Junge Gemeinde. Das Buch ist beim Verlag vergriffen. Neu aufgenommen wurde die Geschichte auf dem USB-Stick, der der Trauertasche beiliegt, die im Verlag Junge Gemeinde herausgekommen ist. Der Stick mit zahlreichen weiteren Texten ist auch einzeln erhältlich, s. S. 124f.)

In dieser Nacherzählung von der Stillung des Seesturms verbindet Jürgen Koerver eine »erfundene« Rahmengeschichte mit der biblischen Geschichte von der Sturmstillung. Die Rahmengeschichte erzählt von der Angst eines Mannes vor dem Sterben. Koerver macht dadurch deutlich, dass Jesus Herr über alle Stürme und Ängste unseres Lebens ist und damit auch über die Angst vor dem Tod und dem Sterben. Aus dem »Naturwunder« wird eine wunderbare Glaubensgeschichte.

Nie mehr Oma-Lina-Tag?
Text von Hermien Stellmacher
Illustriert von Jan Lieffering
Gabriel Verlag, 1. Auflage 2005
32 S., gebunden, ISBN 978-3-522-30066-7

Mittwoch ist Oma-Lina-Tag, an dem Kasper und Oma Lina Pfannkuchen backen. Aber dann wird Lina krank und muss ins Krankenhaus. Jasper ist sehr traurig, als sie stirbt. Für das Beerdigungskaffeetrinken backt er mit seiner Mama Pfannkuchen nach Oma Linas Rezept und in Gedanken hört er sie lachen.

Kreatives

● *Collagen:* Bilder in Gruppen aus Zeitschriften ausschneiden oder ausreißen und auf separate Plakate kleben: Babys und Kleinkinder auf ein Plakat; Schulkinder auf das nächste Plakat, dann Teenies und junge Erwachsene; Erwachsene; alte Menschen, Todesanzeigen. Diese Bilder anschauen und erzählen, was zu sehen ist: Was unterscheidet Babys von Teenies, junge Erwachsene von alten? Wie unterscheidet sich das Leben der Kinder von dem der Erwachsenen? Wie sieht das Leben alter, gebrechlicher Menschen aus?

● *Lebensleporello:* Kinder bringen Kopien/Ausdrucke von Fotos mit, auf denen sie in verschiedenen Lebensphasen zu sehen sind vom Babyalter an bis heute. Tonpapier wird zu einem Leporello gefaltet, die Bilder chronologisch aufgeklebt und mit Buntstiften, Klebebildchen u.a. dekoriert. (Siehe dazu die Abbildungen auf den Seiten 48 und 66.)

Lebensleporello

● *Rollenspiele:* Zuerst sind alle Mitspielenden die ganz kleinen Kinder einer Krabbelgruppe, eine oder mehrere Mitarbeiter/innen sind die Betreuer/innen. Danach sind die Spieler/innen Kindergartenkinder, die Mitarbeitenden Erzieher/innen. Anschließend spielen alle eine Schulklasse mit Schüler/innen und Lehrer/innen. Die nächste Szene ist der Besuch von Jugendlichen in einer Disco. Danach arbeiten alle als Erwachsene in einer Bäckerei (oder anderswo) und spielen Eltern (Puppen mitbringen). Schließlich sind die Kinder alte Menschen im Seniorenheim, die Mitarbeiter/innen sind Pfleger/innen. Diese Szenen können nicht alle hintereinander weg gespielt werden, aber mit Pausen oder an unterschiedlichen Tagen.

Besonders viel Spaß machen Rollenspiele in Verkleidung. Dazu eignen sich Tücher unterschiedlicher Größe, Farbe und Machart. Sie können mit Wäscheklammern am Körper befestigt werden. Alte Hüte und Mützen sowie Modeschmuck liegen ebenfalls bereit. Ansonsten spielen die Kinder vor allem pantomimisch, können sich Spielplätze im Raum mit Möbeln und Decken gestalten und vereinbaren vor Spielbeginn, ob sie nonverbal spielen wollen (ohne Worte, aber Geräusche sind erlaubt) oder auch sprechen wollen. Sie teilen sich vor Spielstart mit, wer sie im Spiel sind. Beispiel: »Ich bin der alte August und lebe hier im Seniorenheim. Ich bin fast blind.« Hilfreich ist ein Gongschlag oder Triangelton, der Anfang und Ende des Spiels markiert.

Bildkarten Gegensatzpaare: »Alles hat seine Zeit«

Zum Text des alttestamentlichen Predigers (s. S. 54) werden die Bilder (s. S. 68–71) von den Kindern ausgemalt, ausgeschnitten und von einer Mitarbeiterin laminiert. Nun liest sie den Kindern den Text langsam vor, und sie stellen die passenden Paare zusammen und prägen sie sich ein. Anschließend werden alle Karten gemischt und mit der Bildseite nach unten auf die Tischplatte gelegt. Die Kinder versuchen nun, nach den Regeln des Memory-Spiels die passenden Paare aufzudecken. Wer die meisten Paare findet, hat gewonnen. Das Spiel eignet sich für 2-4 Spieler/innen, kann also für eine Gruppe/Klasse mehrmals angefertigt werden.

Gebet und Lied

Gebet

Gott,
du schenkst Pflanzen, Tieren und Menschen das Leben.
Du bist da, wenn wir geboren werden.
Du bist da, wenn wir sterben.
Alles hat seine Zeit. Unsere Zeit liegt in deinen Händen.
Lass uns sorgfältig umgehen mit unserer Zeit.
Lass uns mit offenen Augen und Ohren
und einem liebevollen Herz durchs Leben gehen.
Nimm uns die Angst vor dem Sterben.
Du bist bei uns, jetzt und alle Zeit.
Amen.

Lied

Wo ich gehe, bist du da (DL1 Nr. 20, DS 292, KiGoLo 285)

geboren werden

sterben

einpflanzen

ausreißen

töten

Leben retten

niederreißen

aufbauen

weinen

lachen

wehklagen

tanzen

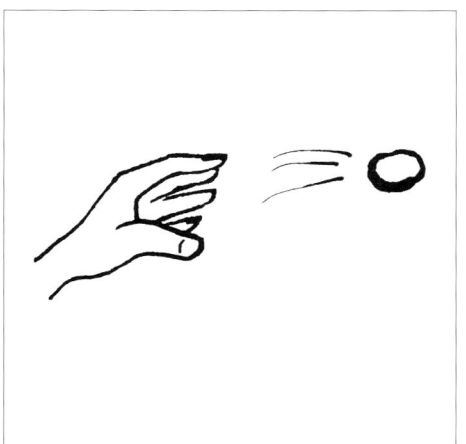

Steine werfen

Steine aufsammeln

sich umarmen

sich aus der Umarmung lösen

finden

verlieren

aufbewahren

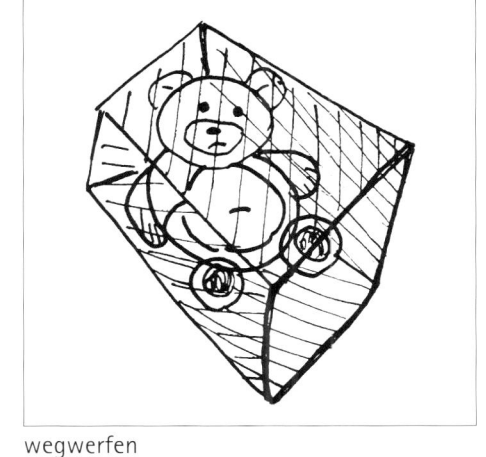

wegwerfen

zerreißen

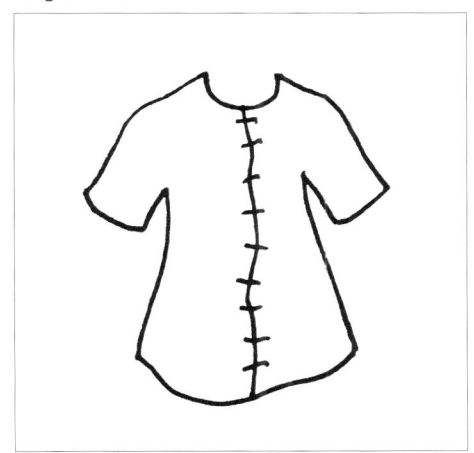

zusammennähen

schweigen

reden

»Der Jesus lebt nicht mehr!«

Sterben und Tod als Thema im Kirchenjahr

Das Kirchenjahr bietet zwei Anlässe, sich mit unserem Thema auseinanderzusetzen: Passion und Ostern sowie den Toten- bzw. Ewigkeitssonntag.

1. PASSION UND OSTERN

Die Passionsgeschichte Jesu ist grausam. Sie erzählt davon, dass Menschen einander Schmerz und Leid zufügen. Sie erzählt von Folter und Hinrichtung. Gern möchten wir unseren Kindern Geschichten und Bilder des Grauens ersparen. Das gelingt uns nicht. Leidensgeschichten sind ihnen allgegenwärtig: durch die Medien, aber auch durch eigene Erfahrungen in der Familie, im Freundeskreis, in der Nachbarschaft. Sie durchleben dabei selbst die Gefühle, die uns in der biblischen Passionsgeschichte begegnen: Ohnmacht, Verlassenheit, Verzweiflung, Angst, Schuld, Trauer.

Erzählen wir ihnen die Passionsgeschichte, finden sie sich darin wieder und/oder werden sensibel für die Not anderer. Auf Jesu Leidensgeschichte folgt die Ostererfahrung vom Sieg des Lebens über den Tod, vom Neubeginn, von Hoffnung und Freude. Die Kinder spüren: Leid, Schmerz und Not sind nicht endgültig. Gott macht neues Leben möglich. Er gibt uns die Kraft, Böses mit Gutem zu überwinden und für das Leben einzutreten.

Geschichte: Die Salbung in Bethanien
(Matthäus 26)

Vorbemerkung: Eine unbekannte Frau betritt das Haus Simons des Aussätzigen (Lepra oder Schuppenflechte; die Erkrankung spielt für die Geschichte weiter keine Rolle), als Jesus dort mit seinen Jüngern zu Gast ist. Sie tritt zu Jesus und begießt seinen Kopf mit einem Fläschchen kostbaren Salböls. In der entsprechenden Geschichte des Markusevangeliums wird von dem ätherischen Nardenöl gesprochen, das aus Indien importiert wurde und ein begehrter Luxusartikel war. Jerusalem hatte wie jede große Stadt eine Salben-Mixer-Gasse, dort konnte man das Nardenöl in einem

Viertelliterfläschchen für die in Markus 14,5 genannten 300 Denare kaufen. 5 Denare mussten damals ausreichen, um eine vielköpfige Familie eine Woche lang zu ernähren. Mit 200 Denaren konnte man etwa 5000 Menschen speisen! Deshalb ist die Entrüstung der Jünger Jesu, die in der Tat der Frau die pure Vergeudung sehen, nachzuvollziehen. Sie hätten das Öl lieber teuer verkauft und das Geld den Armen gegeben. Denn zwei Tage später begann die Passah-Festwoche, in der die Juden aufgefordert waren, besonders viel an die Armen zu spenden. Jesus aber verteidigt die Frau: »Arme habt ihr allezeit bei euch ... mich aber habt ihr nicht allezeit!« In Anbetracht seines nahen Todes tut diese Frau Jesus Gutes. Die Geschichte ermutigt uns und die Kinder, nicht tatenlos und ohnmächtig zuzusehen, wenn Menschen an unserer Seite leiden und/oder sterben. Stehen wir ihnen bei, lindern wir ihre Not, schenken wir ihnen unsere Nähe.

Hinführungsspiel zur Geschichte:
Woher kommt der gute Duft?

Der/die Spielleiter/in hat drei Tücher in verschiedenen Farben (also z.B. rot, gelb, grün) an eine gespannte Wäscheleine gehängt. Darunter sind zwei, die eher muffig riechen. Eins aber hat sie vorher unbemerkt präpariert, indem sie es mit einem wohlriechenden Duftöl beträufelt oder mit gutem Parfüm eingesprüht hat. Sie erzählt: »Mutter hat Leo gebeten, frisch gewaschene Wäsche auf die Leine zu hängen. Wie ihr seht, hat er das auch gemacht. Aber er war überhaupt nicht bei der Sache. Zwei der drei Tücher lagen noch vor der Waschmaschine und waren noch gar nicht gewaschen. Nur eins der drei Tücher ist schon gewaschen und duftet deshalb gut. Die anderen beiden riechen muffig. Ihr geht bitte der Reihe nach zu den Tüchern und schnuppert daran. Wenn ihr meint, ihr habt das duftige, frisch gewaschene Tuch gefunden, nehmt euch, ohne dass die anderen es sehen, aus meinem Körbchen einen Muggelstein in der gleichen Farbe wie die des duftenden Tuches. Den Muggelstein versteckt gut in eurer geschlossenen Hand. Wenn der oder die Letzte geschnuppert hat, zeigt eure Steine: Wer hat das richtige Tuch gefunden und den Duft-Test bestanden?«

Zur Vorbereitung außer den Tüchern ein Körbchen mit farbigen Muggelsteinen bereitstellen, darunter müssen auch die drei Farben der Tücher in ausreichender Menge sein!

Erzählung

Es ist Abend. Jesus und seine Jünger sind zu Gast bei Simon. Sie sitzen am Tisch, als eine Frau hereinkommt. In der Hand hält sie ein Fläschchen mit einem kostbaren Salböl. Sie tritt zu Jesus und begießt seinen Kopf mit dem Öl. Ein wunderbarer Duft breitet sich im ganzen Haus aus. Die Jünger aber sind ärgerlich. Wie kann die Frau so etwas tun? Das ist ja eine furchtbare Verschwendung! Das Öl ist so viel wert! Hätte man es besser verkauft! Für das Geld wären 5000 Arme satt geworden! Jesus aber hält zu der Frau. Sie hat ihm damit ja Gutes getan! Arme sind immer da. Für sie können die Jünger jederzeit Geld geben. Aber er, Jesus, muss sehr bald sterben. Darum ist es richtig, dass die Frau ihm jetzt noch gezeigt hat, wie wichtig er ihr ist.

Freies Spiel ohne Text:

Nachdem die Geschichte vorgelesen worden ist, erzählt der/die Spielleiter/in von der Salben-Mixer-Gasse in Jerusalem. Die Mitspieler/innen stellen sich eine entsprechende Situation und Umgebung vor: großer Markt, Stände mit Duftölen, Salben, Kräutersträußen und Medikamenten. Werkstätten, in denen die Salben hergestellt werden. Händler, die die Kräuter und Gewürze aus Indien bringen. Viele Käufer/innen, Tiere … Dazwischen sind auch Simon, der Aussätzige, Jesus und seine Jünger. Sie kommen in Kontakt, Jesus bittet Simon, in seinem Haus einkehren zu dürfen, zusammen mit seinen Jüngern. Sie gehen zu Simons Haus. Das bemerkt die unbekannte Frau und beschließt, Jesus etwas Gutes zu tun. Sie ahnt, dass er bald sterben muss. Sie kauft das Nardenöl und folgt Jesus in Simons Haus …

Die Kinder wählen sich entsprechende Rollen, verkleiden sich und gestalten die notwendigen Orte: Salben-Mixer-Gasse, Simons Haus. Der Gongschlag markiert den Spielbeginn. Zum freien Spiel wird orientalische Musik abgespielt. (Zu dieser Form des Theaterspiels vgl. den Hinweis S. 32)

Wenn die Frau sich dem Haus nähert, kann die Geschichte zum Spiel gelesen werden. Sollten die Spielenden aber einfach fortfahren im freien Spiel und der Text wird nicht benötigt, ist es genauso gut!

Gespräch mit den Kindern:

Was hast du in deiner Rolle erlebt? Wie hast du dich gefühlt? Jede/r erzählt von sich selbst, die anderen hören zu, kommentieren nicht, fragen höchstens nach.

Frage: Hat dir schon mal jemand was Gutes getan? Oder hast du schon mal jemandem etwas Gutes getan? Wann brauchen Menschen das? Könnt ihr euch vorstellen, wie man Leuten, die krank sind und bald sterben müssen, Gutes tun kann?

Kreative Gestaltungsideen

Ein »Wohlfühl-Platz« für dich!

Nun probieren die Kinder aus, ob sie einem anderen Kind etwas Gutes tun können, indem sie ihm einen Platz zum Wohlfühlen gestalten:

Auf einem Tisch liegen viele Karten mit schönen Landschafts-, Stadt-, Dorf- und Tiermotiven aus (mindestens zwei pro Mitspieler/in). Außerdem liegen farbige Tücher in unterschiedlicher Größe und in unterschiedlichen Materialien sowie Legematerialien (Steine, Federn, künstliche Blumen, Schneckenhäuser, Tannenzapfen, Nüsse, Muggelsteine, Strohhalme, Perlen ...) bereit. Die Kinder bilden Paare, gern auf der Basis von bestehenden Freundschaften. Auch Dreiergruppen sind möglich. Bleibt ein Kind übrig, wird eine erwachsene Mitarbeiterin seine Partnerin.

So kann ein »Wohlfühl-Platz« gestaltet sein.

Der/die Spielleiter/in lädt dazu ein, für die Partnerin oder den Partner auf dem Boden einen »Wohlfühl-Platz« zu gestalten. Dazu kann sich jede/r eine oder zwei Karten und Legematerialien auswählen. Während der Gestaltungsphase spielt leise Musik im Hintergrund, die Kinder werden gebeten, nicht zu reden. Schließlich führen sich die Partner/innen zu ihren Plätzen und tauschen sich aus: »Wie gefällt dir der Platz, den ich dir gelegt habe? Ich dachte, du fühlst dich da wohl, weil ...« Und das Feedback: »Danke, hier bin ich gern, weil ...« Möglicherweise wird jedes Kind auf seinem Platz fotografiert und bekommt das Foto als schöne Erinnerung. Zuletzt bedankt sich jedes Kind beim Partner oder bei der Partnerin für den »Wohlfühl-Platz«.

»Lass es dir gut schmecken!«

Miteinander bereiten die Kinder eine kleine, feine Mahlzeit zu (Obstsalat, Kuchen, Kekse ...) und decken den Tisch schön (Geschirr, Servietten, evtl. Kerzen, Blumen ...). Es bilden sich Zweier- und/oder Dreiergruppen. Die Partner/innen einer Gruppe bewirten sich gegenseitig: »Darf ich dir ein bisschen Obstsalat geben? Möchtest du etwas trinken? Probier mal die leckeren Kekse ...« Auch räumen sie ihr Geschirr gegenseitig ab und spülen es ... So haben sie einander Gutes getan.

Lieder

Wo Menschen sich vergessen/Da berühren sich
  (DL1 Nr. 27, DS 339, KiGoLo 104, MKL2 Nr. 132)
Gib uns Ohren, die hören und Augen, die sehn
  (DL1 Nr. 25, KG 195, KiGoLo 28, KKH 3, LJ 534,
  MKL2 Nr. 38)

Gebet

Guter Gott,
es ist traurig, dass Jesus sterben musste.
Wir staunen über die Frau, die ihm ein so kostbares
Geschenk gemacht hat.
Bitte zeig uns, wenn andere uns brauchen.
Lass uns ein weites Herz haben
und denen eine Freude machen,
die Schweres aushalten müssen.
Amen.

Segen

Der/die Mitarbeiter/in tupft einen Tropfen Salböl auf die Handinnenfläche des ersten Kindes und sagt: »Gottes Segen begleite dich wie dieser gute Duft.« Das Kind wendet sich an das nächste, tupft ihm Öl auf die Handinnenfläche und spricht ebenfalls den Segen usw.

Gott schenkt neues Leben
Die Passions- und Ostergeschichte, ein Stationen-Gang

An mehreren Stationen hören die Kinder von Jesu Leiden, Sterben und Auferstehen und werden durch Aktionen in die Geschichten einbezogen.

Die Fußwaschung *(Johannes 13,1–17 in Ausschnitten)*
(Die Kinder sitzen in einer Erzähllecke und hören zu.)

Erzählerin: Jesus sitzt mit seinen Jüngerinnen und Jüngern beim Abendessen. Auf einmal steht er auf, gießt Wasser in eine Schüssel und wäscht ihnen allen die Füße: Jakobus, Johannes, Andreas, Simon Petrus, Susanna, Maria von Magdala und allen anderen auch. Wie gut das tut! Wie erfrischend das ist! Trotzdem: Die Jüngerinnen und Jünger wundern sich. Jesus ist doch ihr Meister! Wie kann er ihnen dann wie ein Knecht die Füße waschen? Jesus sagt: »Das soll euch ein Beispiel sein! Tut ihr euch auch Gutes, so wie ich euch Gutes getan habe.«

Aktion:
Eine Waschschüssel steht bereit. Die Kinder werden eingeladen, sich von einem Mitarbeiter/einer Mitarbeiterin die Hände waschen zu lassen. Dazu kann meditative Musik erklingen.

Das letzte Mahl (Matthäus 26,17–30 in Ausschnitten)

(Die Kinder sitzen in der Erzähllecke und hören zu. Auf dem Boden liegt ein weißes Tuch. Darauf stehen eine brennende Kerze, ein Korb mit Fladenbrot und ein Kelch mit Saft.)

Erzählerin: Dann kommt der letzte Abend, bevor Jesus sterben muss. Er sitzt mit seinen Jüngern zusammen. Er isst und trinkt mit ihnen. Alle sind sie dabei: Petrus, Thomas, Andreas, Judas und die anderen. Jesus nimmt das Brot. Brot wie dieses. Er dankt Gott und bricht das Brot. (Ein/e Mitarbeiter/in bricht Brot.) Er gibt es ihnen und sagt: »Das ist mein Leib, der für euch gegeben wird. Esst von diesem Brot und denkt an mich. So bin ich bei euch.«

Jesus nimmt auch den Kelch. Einen Kelch wie diesen. Er füllt den Kelch (evtl. jetzt erst Saft einfüllen), gibt ihn herum und sagt: »Dieser Kelch ist der neue Bund in meinem Blut, das für euch vergossen wird zur Vergebung der Sünden. Trinkt daraus und denkt an mich. So bin ich bei euch.« So wie es damals war, so ist es heute. Immer, wenn wir das Brot teilen und den Kelch herumgeben, ist Jesus da, nicht zu sehen, aber doch zu spüren. Und alle sind eingeladen. Wir wollen gleich Brot essen und Saft trinken und an Jesus denken.

(Alle stellen sich im Kreis um das Tuch auf und singen mit Bewegungen das folgende Lied.)

Mahlgemeinschaft mit Jesus

78

Lied: Wir sind eingeladen zum Leben (DL1 Nr. 37, KG 205, MKL2 Nr. 126)

Der/die Mitarbeiter/in reicht den Kindern das Fladenbrot. Sie brechen davon Stücke ab und reichen diese ihrer Nachbarin/ihrem Nachbarn. Wenn das Brot gegessen ist, geht der/die Mitarbeiter/in mit dem Kelch von Kind zu Kind. Er/Sie sollte dabei gut darauf achten, ob es Kinder gibt, die nicht aus dem Kelch trinken möchten, und dies auch respektieren.

Gebet
Gott, du bist freundlich zu uns.
Dafür danken wir dir. Amen.
<small>(Vaterunser mit allen beten.)</small>

Lied: Wir sind eingeladen zum Leben (DL1 Nr. 37, KG 205, MKL2 Nr. 126 – Strophe 6)

Im Garten Gethsemane und beim Verhör *(Matthäus 26–27 in Ausschnitten)*

(Die Kinder und die Mitarbeiter/innen gehen hinaus und setzen sich unter einen Baum. Die Kerze steht brennend vor ihnen.)

Erzählerin: Jesus ist mit seinen Jüngern hinaus in die Nacht gegangen. Sie sind im Garten Gethsemane am Ölberg vor der Stadtmauer Jerusalems. Die Jünger suchen sich einen Platz unter Bäumen, wo sie die Nacht verbringen wollen. Jesus nimmt Petrus, Jakobus und Johannes tiefer mit in den Garten. Er hat Angst und möchte nicht allein sein. Dann betet er.

Die drei Jünger sind eingeschlafen. Darüber ist Jesus traurig. Er fühlt sich allein. Noch zweimal betet er, dann ist er bereit, zu sterben. Plötzlich sind alle Jünger wieder wach. Sie sehen helle Fackeln und hören laute Stimmen. Die Knechte des oberen Priesters sind gekommen mit Knüppeln und Schwertern. Sie fesseln Jesus und führen ihn ab. Die Jünger aber fliehen nach allen Seiten. Sie haben Angst und lassen Jesus allein.

Vor dem obersten Priester wird Jesus verhört: »Bist du der Sohn Gottes?«, fragt er ihn. »Ja, ich bin Gottes Sohn!«, antwortet Jesus. »Wer das behauptet, lügt und muss sterben!«, rufen die Leute. Der oberste Priester lässt Jesus zu Pilatus bringen. Pilatus ist Römer und vom römischen Kaiser in Jerusalem eingesetzt. Der oberste Priester lässt Pilatus ausrichten: »Jesus ist gefährlich. Er will König werden und den römischen Kaiser stürzen.« Pilatus lässt Jesus von seinen Soldaten auspeitschen. Sie ziehen ihm einen roten Königsmantel an und setzen ihm eine Krone aus Dornen auf den Kopf. Dann lachen sie ihn aus: »So sieht er aus, der König der Juden!«

Erzählrunde im Freien

Die Kreuzigung *(Matthäus 28 in Ausschnitten)*

(Vorbereitet ist ein mit Spaten ausgehobenes Kreuz im Rasen. Kinder und Mitarbeiter/innen ziehen dorthin und stellen sich um das Kreuz, Kerze wird darauf abgestellt.)

Erzählerin: Die Soldaten ziehen Jesus den Mantel aus und führen ihn auf den Berg Golgatha weit draußen vor der Stadt. Jesus wird wie ein Schwerverbrecher an ein großes Holzkreuz geschlagen. Es wird finster draußen und Jesus ruft: »Mein Gott, mein Gott, warum hast du mich verlassen?« Er schreit laut auf und stirbt.

(Kerzenflamme auspusten! Moment der Stille.)

Lied: Als Jesus gestorben war (siehe rechte Seite oben)

Als Jesus gestorben war

1. Als Jesus gestorben war, strahlte in der Nacht kein Stern. Vorbei war alle Freude. Da weinten alle Leute. Sie weinten um den Herrn. Vorbei war alle Freude. Da weinten alle Leute. Sie weinten um den Herrn.

Text: Rolf Krenzer;
Musik: Peter Janssens,
aus: Kommt alle und seid
froh, 1982
Alle Rechte im Peter Janssens
Musik Verlag, Telgte-Westfalen

2. Als Jesus gestorben war,
da war die Welt so leer.
Die Großen und die Kleinen,
die konnten nur noch weinen.
Sie hatten ihn nicht mehr.
Die konnten nur noch weinen.
Sie hatten ihn nicht mehr.

Der Ostermorgen *(Matthäus 28,1–8)*

Ein neuer Tag bricht an. In Jerusalem ist es dunkel und still. Aber jetzt geht langsam die Sonne auf. Zwei Frauen sind schon unterwegs: Maria und Maria Magdalena. Sie wollen den toten Jesus mit kostbarem Salböl einreiben. Die Frauen sind sehr traurig. Ihr Freund und Meister ist tot!
Jesus hängt nicht mehr am Kreuz. Er liegt in einer Grabhöhle. Ein großer Stein verschließt die Höhle. Die Frauen sind verzagt. Wer wird den schweren Stein für sie wegrollen?

Da bebt auf einmal die Erde. Ein Engel im weißen Gewand kommt wie ein Blitz vom Himmel und wälzt den Stein fort. Er setzt sich darauf. Die Wachen, die auf das Grab aufpassen, fallen vor Schreck um. Der Engel erzählt den erschrockenen Frauen, dass Jesus auferstanden ist von den Toten. Er ist nicht mehr im Grab. Und die Frauen sollen es den Jüngern weitersagen. Da kehren sie eilig um. Eine große Freude überkommt sie! Jesus lebt! (Kerze wird wieder angezündet.) Ganz verändert sind die Frauen. Sie spüren: Die Sonne scheint. Der Garten rings um die Grabhöhle grünt und blüht. Es ist Ostern!

3. Als Jesus aufgestanden war,
besiegte er den Tod.
Ihr Großen und ihr Kleinen,
ihr braucht nicht mehr zu weinen.
Vorbei ist alle Not.
Ihr braucht nicht mehr zu weinen.
Vorbei ist alle Not.

Aktion:
Die Kinder bepflanzen das »tote« Erd-Kreuz mit Frühblühern (Narzissen, Tulpen, Hyazinthen): Der Tod ist besiegt, Gott macht alles neu.

Mögliche Lieder:

Du verwandelst meine Trauer in Freude
   (DL1 Nr. 64, KG 198, KKH 12, LJ 508, MKL2 Nr. 26)
Zu Ostern in Jerusalem
   (DL 68, DS 203, EG RT, KG 74, KiGoLo 248, LJ 340,
   MKL1 Nr. 119)
Jesus lebt, ich freue mich (DL1 Nr. 70)
Wir wollen alle fröhlich sein
   (DS 202, EG 100, GL 223, KG 65, LJ 78)
Er ist erstanden, halleluja
   (DS 198, EG 116, KG 66, LJ 88)

Gebet

Gott,
wir feiern Ostern. Du hast den Tod besiegt.
Du bist stärker als alles, was uns Angst macht.
Du schenkst uns neues Leben.
Wir bitten dich für alle, die sich heute nicht freuen können,
die traurig oder ängstlich sind.
Verwandle ihre Trauer in Freude.
Verwandle ihre Angst in Mut.
Verwandle ihre Hoffnungslosigkeit in Vertrauen.
Wir bitten dich: Lass Ostern für uns alle werden.
Amen.

2. TOTEN- BZW. EWIGKEITSSONNTAG

Zum Ende des Kirchenjahres gehören das Totengedenken
und die Auseinandersetzung mit dem eigenen Tod. Vielen
Kindergottesdienst-Gemeinden ist es eine wichtige Tradition geworden, den Friedhof zu besuchen. Genauso gut können Sie es mit Ihrer Kindergartengruppe halten oder mit
Ihrer Grundschulklasse, wenn Sie am Thema Sterben und
Tod im Unterricht arbeiten. Die Eltern sollten darüber informiert sein.
Eine **Einstimmung** findet zunächst im Gemeindehaus/in
der Kirche/in der Kita/im Klassenzimmer statt ...

● *... mit passenden Liedern:*
Aus der Tiefe rufe ich zu dir
   (DL1 Nr. 84, EG RT, LJ 359, MKL2 8)

Das wünsch ich sehr
(DL1 Nr. 86, DS 288, EG RT, KiGoLo 289, KKH 54, LJ 488, MKL1 Nr. 5)

Du verwandelst meine Trauer in Freude
(DL1 Nr. 64, KG 198, KKH 12, LJ 508, MKL1 Nr. 9)

Du, Gott, stützt mich (DL1 Nr. 66, EG RT, LJ 501)

Wie in einer zärtlichen Hand (Noten s. S. 116)

Wolken oder Sonnenschein (Noten s. S. 37)

● *... mit einem Psalmgebet:*
(Zunächst üben alle Kinder den Kehrvers mit Bewegung ein.)

Meine Hilfe
(Die Hände über Kreuz auf die Brust legen.)

kommt vom Herrn,
(Die Arme seitlich anheben und die Hände öffnen.)

der Himmel
(Die rechte Hand zeigt mit ausgestrecktem Arm weit nach oben.)

und Erde
(Die linke Hand weist nach unten mit ausgestrecktem Arm.)

gemacht hat.

Eine/r: Ich hebe meine Augen auf zu den Bergen.
Woher kommt mir Hilfe?

*Alle: Meine Hilfe kommt vom Herrn,
der Himmel und Erde gemacht hat.*

Eine/r: Er wird deinen Fuß nicht gleiten lassen
und der dich behütet, schläft nicht.
Siehe, der Hüter Israels schläft und schlummert
nicht.

*Alle: Meine Hilfe kommt vom Herrn,
der Himmel und Erde gemacht hat.*

Eine/r: Der Herr behütet dich. Der Herr ist der Schatten
über deiner rechten Hand, dass dich des Tages die
Sonne nicht steche, noch der Mond des Nachts.

*Alle: Meine Hilfe kommt vom Herrn,
der Himmel und Erde gemacht hat.*

Eine/r: Der Herr behütet dich vor allem Bösen,
er behütet deine Seele.

Der Herr behütet deinen Ausgang und Eingang
von nun an bis in Ewigkeit.

Alle: *Meine Hilfe kommt von dem Herrn,*
der Himmel und Erde gemacht hat.
(nach Psalm 121)

● *… mit einer Geschichte, einem Bilderbuch oder Bildern*
Dazu einige Vorschläge:

Nie mehr Oma-Lina-Tag?

Text von Hermien Stellmacher
Illustriert von Jan Lieffering
Gabriel Verlag, 1. Auflage 2005
32 S., gebunden, ISBN 978-3-522-30066-7

Mittwoch ist Oma-Lina-Tag, an dem Kasper und Oma Lina Pfannku-
chen backen. Aber dann wird Lina krank und muss ins Krankenhaus.
Jasper ist sehr traurig, als sie stirbt. Für das Beerdigungskaffeetrinken
backt er mit seiner Mama Pfannkuchen nach Oma Linas Rezept und
in Gedanken hört er sie lachen.

Wo die Toten zu Hause sind

Text von Christine Hubka
Illustriert von Nina Hammerle
Tyrolia Verlag, 5. Auflage 2012
32 Seiten, gebunden, ISBN 978-3-7022-2512-4

Wohin gehen die Toten? Was passiert nach dem Sterben? Das Bilder-
buch erzählt von Gottes Verheißungen und was uns Jesus über das
Leben nach dem Tod und unsere Zukunft bei Gott berichtet hat. Die
farbenfrohen, witzigen Illustrationen verleihen dem Thema Leichtig-
keit. Ab 4 Jahre.

Abschied von Tante Sofia

Text von Hiltraud Olbrich
Illustriert von Astrid Leson
Kaufmann Verlag, 1998
32 Seiten, geheftet, ISBN 978-3-7806-24543

Franziska und Fabian befreunden sich mit der alten Tante Sofia. Sie
erzählt ihnen viel über ihr Leben und wie sie sich ein Leben bei Gott
nach ihrem Tod vorstellt. Schließlich stirbt sie und die Kinder rufen
sich in Erinnerung, worauf Tante Sofia vertraut hat. Das tröstet sie
selbst. Ab 5 Jahre.

● *... mit dem Austausch über eigene Erfahrungen:*

Die Kinder erzählen sich in Kleingruppen (jeweils mit einem Mitarbeiter oder einer Mitarbeiterin) eigene Erfahrungen mit Sterben und Tod (Haustiere, Großeltern ...). In jeder Kleingruppe liegt ein Tuch auf dem Boden mit einer brennenden Kerze darauf. Steine oder Wolken mit Regentropfen (siehe S. ...) liegen bereit, um sie als Ausdruck des Kummers und der Klage auf dem Tuch abzulegen. Kerzen/Sonnen mit Strahlen (siehe S. 35) stehen/liegen bereit zum Entzünden oder Ablegen als Ausdruck der Hoffnung und des Trostes.

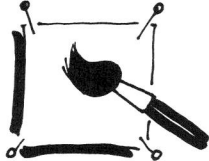

● *... mit christlichen Hoffnungsbildern:*

Die Idee der Reibebilder-Technik: Aus dem noch Verborgenen tritt uns eine Ahnung, ein Vorgeschmack dessen, was uns nach unserem Tod erwartet, entgegen: aus einem weißen Blatt Papier taucht ein Bild auf.

Zur Technik: Reibebilder funktionieren wie das Abpausen von Münzen. Es sind Bilder aus Flachfiguren, deren Umrisse auf das darüberliegende Papier mit Wachsmalfarben aufgetragen werden.

Material:

— Kopierkarton (160g/qm) für die Figuren,
— Kopierpapier (80-120g/qm) oder Zeichenblockpapier für die Malfläche,
— Pappunterlage, z. B. Rückseite eines Zeichenblocks oder Plakatkartons,
— Wachsmalblöcke,
— Klebestift, Schere und Silhouettenschere für kleinere Gegenstände,
— einen ebenen Untergrund, z.B. Fußboden oder Tisch oder Staffelei mit Sperrholzplatte.

Bastelmethode: Die Vorlagenbilder auf Karton kopieren und ausschneiden. Die ausgeschnittenen Figuren auf eine Pappunterlage kleben. Jede Figur bekommt eine andere Farbe. Kopier- oder Zeichenblockpapier über die Figur legen und mit Wachsmalblock aufreiben.

Der/die Mitarbeiter/in führt ein: »Wie wird es sein, wenn wir gestorben sind? Was geschieht mit uns? Wie ist es wohl, bei Gott zu sein? Christen stellen sich das unterschiedlich vor. Schauen wir mal: Was jetzt noch ein Geheimnis ist und verborgen, das versuchen wir, uns nun einmal vorzustellen: Seht selbst ...«

Er/Sie reibt das erste Bild auf und fragt die Kinder: »Was seht ihr da? Was hat sich da wohl jemand gedacht über das Leben nach dem Tod?« Die Kinder mutmaßen und erzählen. Der/die Mitarbeiter/in liest einen entsprechenden Lied- oder Bibelvers dazu vor. Die Kinder erzählen, ob ihnen das Bild gefällt.

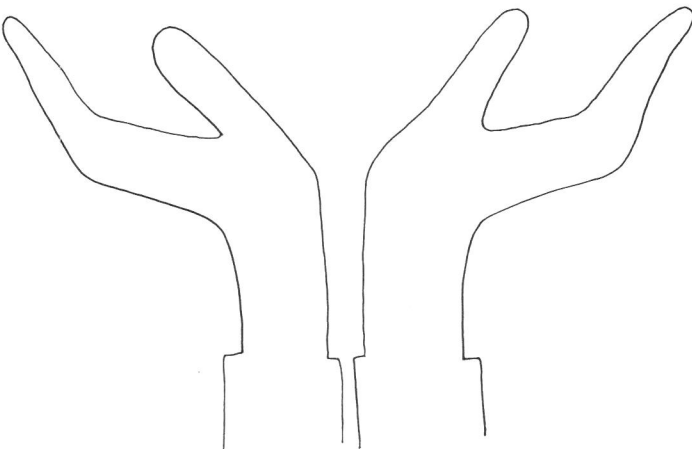

Die Vorlagen für die Reibebilder sind auf doppelte Größe zu vergrößern und auf Karton zu kopieren.

Wie in einer zärtlichen Hand (Noten s.S. 116)

Gottes Hand hält uns fest wie ein Vogel im Nest, so sind wir wohl geborgen. (KG 114, LJ 537, MKL1 12) ▽

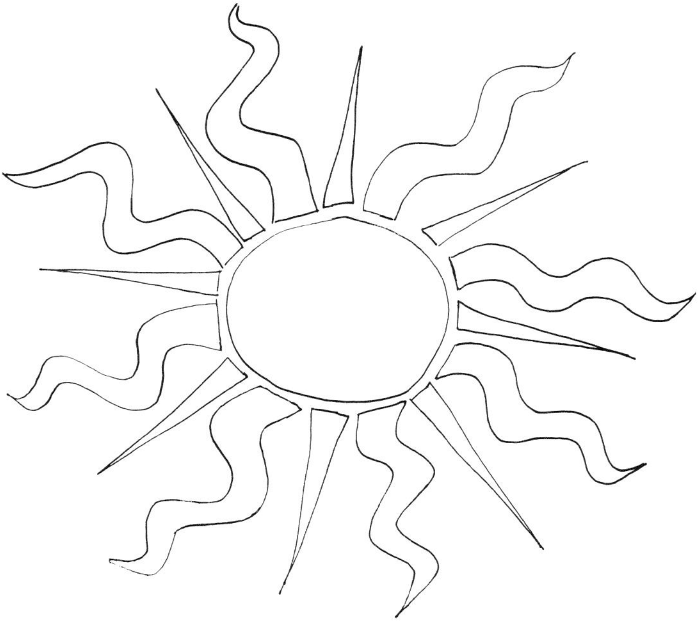

Gottes Liebe ist wie die Sonne. Nichts kann uns von ihr scheiden, was auch immer es sei. (DS 238, EG RT, KG 153, LJ 539, MKL1 47, Strophe 2)

Unsere Heimat ist im Himmel, woher wir auch Jesus Christus erwarten. (Philipper 3,20 f.) – *(zu Abb. linke Seite unten)*

Die Vorlagen für die Reibebilder sind auf doppelte Größe zu vergrö3ern und auf Kartor. zu kopieren.

Jesus Christus sagt: »Ich bin der Weg zum Vater im Himmel ...« (Johannes 14,6)

Jesus Christus sagt: »Ich bin das Licht der Welt. Wer zu mir kommt, wird nicht im Finstern bleiben, sondern wird das Licht des Lebens haben.« (Johannes 8,12)

»Der Herr ist mein Hirte. Mir wird nichts mangeln. Und ob ich schon wanderte im finsteren Tal, fürchte ich kein Unglück, denn du bist bei mir, dein Stecken und Stab trösten mich.« (Psalm 23)

Jesus Christus spricht: »Ich bin der gute Hirte.« (Johannes 10,14)

Die Vorlagen für die Reibebilder sind auf doppelte Größe zu vergrößern und auf Karton zu kopieren.

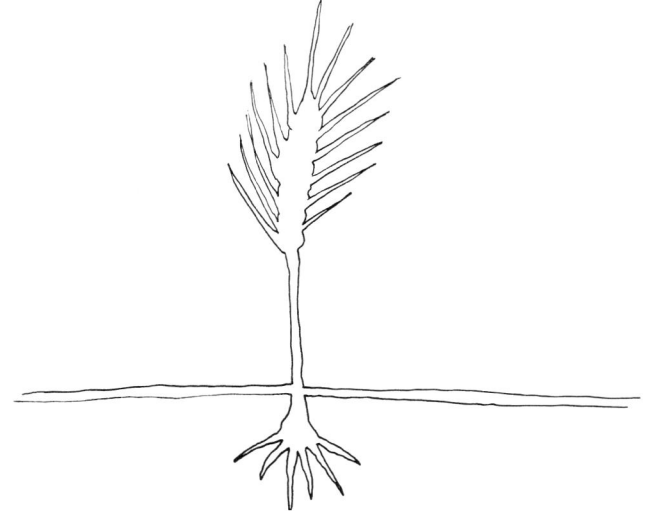

Wenn das Weizenkorn in die Erde fällt und stirbt, bringt es viel Frucht. (Johannes 12,24-26)

Gott ist mein
Vater und
meine Mutter.

Gott wird abwischen
alle Tränen.
(Offenbarung 21,4)

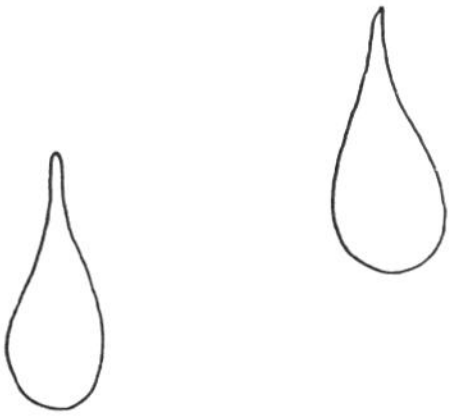

So spricht Gott:
»Siehe, ich will sie
heilen und gesund
machen.«
(Jeremia 33,6) ▽

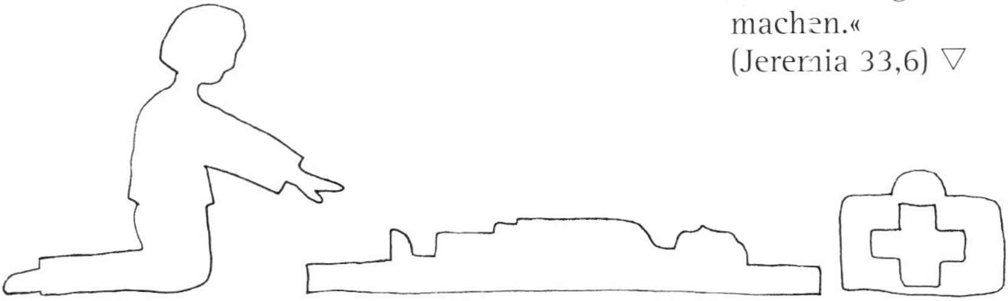

Die Vorlagen für die Reibebilder sind auf doppelte Größe zu vergrößern und auf Karton zu kopieren.

Jesus Christus sagt: »Ich werde neuen Wein mit euch trinken in meines Vaters Haus.« (Matthäus 26,29)

Jesus Christus sagt: »In meines Vaters Haus sind viele Wohnungen. Ich gehe hin, um sie für euch zu bereiten.« (Johannes 14,2f.)

Es reicht eine kleinere Auswahl von fünf Bildern, damit die Fülle die Kinder nicht erschlägt. Bei anderen Anlässen können die übrigen gezeigt werden.

● *... mit der Herstellung eines kleinen Grabschmucks*
– eines Gesteckes: Die Kinder bekommen schmale Baum-Holzscheiben (jemanden vor Ort bitten, diese auszusägen).

Körbe mit Naturmaterialien stehen bereit, ebenso Fimo- oder Knetmasse, um die Materialien auf der Holzschei-be zu fixieren.

Es eignen sich leuchtend rote Hage-buttenzweige, Wal- und Haselnüsse, Tannen- und Kiefernzapfen, Tannen-zweiglein, leere Schneckenhäuser, Kastanien, Trockenblumen (kleinere Auswahl reicht auch!).

Die Kinder gestalten selbstständig und schreiben mit wasserfesten Stif-ten die Namen der Verstorbenen, die sie auf dem Friedhof besuchen möch-ten, auf die Holzscheibe.

Gestecke mit den Na-men der Verstorbenen

– Windlichter: Leere Marmeladengläser mit Transparent-papierschnipseln bekleben und Teelichter hineinstellen.

Kinder haben Wind-lichter als Grab-schmuck gestaltet.

–Steine mit wasserfesten Farben anmalen.

93

3. FRIEDHOFSBESUCH

In kleinen Gruppen gehen die Kinder gemeinsam mit den Mitarbeitenden über den Friedhof und besuchen die Gräber, zu denen die Kinder eine Beziehung haben. Dort können sie eines ihrer Lieder singen und ihren Grabschmuck abstellen.

Kinder, die keine Angehörigen oder Bekannten auf dem Friedhof haben, werden ermuntert, sich ein anderes, vielleicht verwahrlostes Grab auszusuchen und zu schmücken. Sehr eindrücklich ist es für alle, auch die Kindergräber zu besuchen.

Zuletzt versammeln sich alle an einem vorher bekannt gegebenen Ort (unter einem großen Baum z.B.), singen noch einmal miteinander und beten das Vaterunser.

Zurück im Gemeindehaus oder in der Kita trinken vielleicht alle noch einen Tee oder Kakao und essen ein paar Kekse, ähnlich dem Kaffeetrinken nach Beerdigungen, das im Spessart »der Tröster« genannt wird. Möglicherweise warten die Eltern/Großeltern schon auf die Kinder, essen und trinken mit und haben die Möglichkeit, in Bilderbüchern und Ratgebern zum Thema zu stöbern und etwas auszuleihen.

Vollständiger Entwurf eines Kindergottesdienstes mit Friedhofsbesuch im November

Begrüßung und Eingangswort

Willkommen zur Kinderkirche!

Puh, draußen ist es ganz schön nass und kalt! Schön, dass ihr euch trotzdem auf den Weg gemacht habt.

Im November erleben wir viele düstere, unfreundliche Tage, und viele Menschen sind in dieser Zeit nachdenklich und auch traurig. Das gehört ja auch zu unserem Leben dazu, dass wir Trauriges erfahren, zum Beispiel, wenn jemand stirbt, den wir gern hatten. Wir nehmen uns heute Zeit, über Sterben und Tod nachzudenken und den Friedhof zu besuchen.

Votum

Kerze anzünden. Am schönsten ist eine Dreidochtkerze, deren Dochte während des Votums angezündet werden (Vater, Sohn und Heiliger Geist).

Wir feiern unsere Kinderkirche im Namen Gottes, der uns das Leben schenkt.
Im Namen Jesu, der von den Toten auferstanden ist.
Und im Namen des Heiligen Geistes, der uns hoffen lässt über den Tod hinaus.
Amen.

Lied: Du verwandelst meine Trauer in Freude
(DL1 Nr. 64, KG 198, KKH 12, LJ 508, MKL1 Nr. 9)

Psalm

Wir beten einen Psalm. Der Mensch, der ihn sich vor vielen, vielen Jahren ausgedacht hat, hat sich damals überlegt, wie es nach dem Tod wohl für uns sein wird. Ich bitte euch, den Kehrvers jedes Mal nachzusprechen.

Vorsprecher/in:
(Alle wiederholen, was er/sie sagt.)
Gott wird abwischen alle Tränen. Wir werden lachen und fröhlich sein.

Sprecher/in:
Es wird sein wie im Traum: Wir hören Gottes Stimme. Unser Herz wird weit. Die Angst ist vorbei.

Vorsprecher/in:
(Alle wiederholen, was er/sie sagt.)
Gott wird abwischen alle Tränen. Wir werden lachen und fröhlich sein.

Sprecher/in:
Es wird sein wie im Traum: Menschen, die gefangenlagen, gehen freie Wege. Sie lachen und singen: Groß ist unser Gott. Er hat uns erlöst.

Vorsprecher/in:
(Alle wiederholen, was er/sie sagt.)
Gott wird abwischen alle Tränen. Wir werden lachen und fröhlich sein.

Sprecher/in:
Es wird sein wie im Traum: Wasser quillt hervor und Bäche

suchen sich ihren Weg. Die Blumen trinken und fangen an zu blühen. Die Wüste wird fruchtbar. Das Leben wird neu.

Vorsprecher/in:
(Alle wiederholen, was er/sie sagt.)
Gott wird abwischen alle Tränen. Wir werden lachen und fröhlich sein.

Sprecher/in:
Amen.
Unsere Tränen werden weggewischt und wir werden lachen und fröhlich sein. Fast genauso ist es am Himmel, wenn nach dem Regen die Sonne wieder scheint und ein bunter Regenbogen zu leuchten beginnt. Davon singen wir:

Lied: Ein bunter Regenbogen ist übers Land gezogen
   (DS 216, KiGoLo 350, LJ 509, MKL1 Nr. 67)

Dazu evtl. folgende Bewegungen:

1. Strophe: Einen Regenbogen mit Armen in die Luft zeichnen, Sonne mit gespreizten Fingern strahlen lassen, für Regen Arme hochhalten, mit Fingern tröpfeln, dabei Arme langsam senken.

2. Strophe: Regenbogen mit Armen in die Luft zeichnen, auf der Stelle laufen und eine Hand über die Augen halten, dabei von rechts nach links in den Himmel schauen.

3. Strophe: Regenbogen mit Armen in die Luft zeichnen, mit Arm in die Runde zeigen, Hände aufs Herz legen.

Klage und Lob

Die Kinder erzählen mit Hilfe von Steinen und Kerzen oder Wolken und Sonnenschein von ihren Erlebnissen mit Sterben und Tod: Worüber ward/seid ihr traurig, wovor habt ihr vielleicht Angst? Und davon, was sie tröstet und was oder wer ihnen Mut macht.

Lied: Ein bunter Regenbogen ... (diesmal nur die dritte Strophe)

Zu diesem Ritual s. S. 35f.

Geschichte: Das Regenbogenland

(Dialog zwischen Tommy und Lucy, zwei Handpuppen oder zwischen zwei jugendlichen Mitarbeiter/innen oder größeren KiGo-Kindern, die sich darauf vorbereitet haben.)

Tommy: Lucy, morgen ist ja die Beerdigung von meiner Tante Astrid. Ich bin traurig. Ich hab sie immer so gern besucht. Sie hat jedes Mal meine Lieblingsmuffins gebacken und mir das Märchen vom Tapferen Schneiderlein erzählt. Jetzt kann sie das nicht mehr.

Lucy: Dafür kommt sie jetzt ins Regenbogenland. Da ist es wunderschön. Das solltest du ihr schon gönnen, Tommy.

Tommy: Ins Regenbogenland? Wo ist das denn?

Lucy: Wo genau, das weiß ich doch auch nicht. Ich bin ja noch nicht tot.

Tommy: Aber woher weißt du, dass es das Land überhaupt gibt, Lucy? Ich hab noch nie was davon gehört!

Lucy: Ich weiß das von der Beerdigung, auf der ich war. Da ist mein alter Nachbar Willi beerdigt worden. Ganz viele Leute haben geweint, als der Sarg in das Loch in der Erde kam. Und der Himmel hat mitgeweint.

Tommy: Du meinst, es hat geregnet?

Lucy: Ja, und dann hat der Pfarrer was aus der Bibel erzählt von einem Regenbogen. Den stellt Gott an den Himmel. Als Zeichen für uns Menschen!

Tommy: Was bedeutet das Zeichen?

Lucy: Ich glaube, dass Gott uns nichts Böses schicken will. Dass er uns Frieden schenken will. Und alles Gute, das du dir nur vorstellen kannst. Und den Toten eben auch. Die haben Frieden bei Gott, und es geht ihnen gut bei ihm.

Tommy: Dann ist das Regenbogenland da, wo Gott ist?

Lucy: Ja, nun warte aber mal! Gerade als die Leute mit Schaufeln Erde auf Willis Grab geworfen haben. Da blinzelte die Sonne durch die dicken Regenwolken und ein wunderschöner Regenbogen stand über uns. Da wusste ich: Der Willi ist zwar unter der Erde begraben, aber er ist doch bei Gott im Regenbogenland.

Tommy: Aber woher weißt du, dass es da schön ist?

Lucy: Ich habe das Land im Traum gesehen. Warm und bunt und fröhlich war es da. Die Leute haben gelacht und die Vögel gesungen und die Blumen geblüht. Niemand war traurig, und es war ganz friedlich.

Tommy: Schööön! Hoffentlich kommt Tante Astrid auch dahin.

Lucy: Klar, Gott holt sie auch ins Regenbogenland!

Tommy: Und wenn morgen bei der Beerdigung kein Regenbogen am Himmel steht?

Lucy: Das macht nichts. Deine Tante findet schon hin. Bestimmt schickt Gott einen Engel, der sie abholt!

Tommy: Weißt du was? Ich bastele meiner Tante einen Regenbogen. Den stecke ich in die Erde auf ihrem Grab. Damit der Engel das Grab findet!

Lucy: Supi! Dann an die Arbeit! Ich kann dir ja helfen!

Tommy und Lucy mit dem Regenbogen

Gespräch mit den Kindern

Das Land für die Toten, die zu Gott kommen, wie stellt ihr euch das vor?

Wir wissen natürlich nicht, wie es dort aussieht, aber wir dürfen uns einen Ort ausmalen, an dem wir es richtig schön finden würden. Denn dass es uns nach unserem Tod gut geht bei Gott, davon erzählt uns die Bibel in ihren Bildern.

Wichtig ist in diesem Gespräch, dass der Tod nicht verherr-licht wird. Es sollte betont werden, dass wir uns über das Geschenk des Lebens freuen können!

Bild malen

Habt ihr Lust, ein Bild dazu zu malen? Und über allem steht der leuchtende Regenbogen?

Die Bilder (DIN A5 ist groß genug) werden von Mitarbeiter/ innen laminiert und an Schaschlikspießen mit Tesafilm be-festigt, während die Kinder essen und trinken.

Friedhofsbesuch

Gebet

Gott,
du bist bei uns im Leben und im Sterben.
Die Toten sind gut bei dir aufgehoben.
Du schenkst ihnen neues Leben.
Es geht ihnen gut. Dafür danken wir dir.
Wir kehren zurück in unser Leben und freuen uns darüber,
dass du uns unsere Zeit schenkst.
Tröste uns und alle, die traurig sind,
damit wir wieder lachen und fröhlich sein können.
Amen.

Vater unser

Lied: Ein bunter Regenbogen ... (s. S. 96)

Segen

Es segne und behüte uns unser freundlicher, schützender Gott.
Amen.

Suris Mama ist gestorben!

Sterben und Tod als Thema aus aktuellem Anlass

■ ZUM ÜBERDENKEN

Plötzlich ist Ihre Gruppe mit einem Todesfall konfrontiert:
– Ein Kind ist tödlich verunglückt.
– Der krebskranke Opa eines Kindes ist verstorben.
– Die Schulleiterin erlitt eine tödliche Hirnblutung (siehe Bericht unten).
– Eine junge Mutter wurde ermordet (siehe Bericht S. 109ff).

Was tun? Bitte ignorieren Sie das Geschehen auf keinen Fall. Andernfalls lassen Sie die Kinder allein mit ihren Ängsten, ihrer Hilflosigkeit, ihrem Unverständnis, ihrer Trauer. Begleiten Sie die Kinder vielmehr einfühlsam in dieser schwierigen Zeit.

Schenken Sie ihnen Zeit, Raum und Impulse, damit sie ihre Gefühle und Gedanken äußern können. Schaffen Sie möglichst eine Atmosphäre des Vertrauens und der Geborgenheit, geben Sie Halt.

Wie das konkret aussehen kann, beleuchte ich im Folgenden anhand von drei möglichen Situationen:

1. Alle sind gleichermaßen vom Todesfall betroffen.
2. Die Gruppe thematisiert den Todesfall in Abwesenheit des Kindes, das besonders betroffen ist.
3. Ein Kind ist besonders betroffen.

1. Alle sind gleichermaßen vom Todesfall betroffen

Wie eine Grundschule um ihre verstorbene Schulleiterin trauern konnte

Kurz vor Weihnachten hatten sich die Schüler und Schülerinnen gut gelaunt von allen ihren Lehrern und Lehrerinnen in die Feiertage verabschiedet. Niemand hatte auch nur den Hauch einer Ahnung davon, dass die allseits anerkannte und beliebte Schulleiterin und Klassenlehrerin noch in den Weihnachtsferien innerhalb weniger Tage sterben würde. Ausgerechnet sie hatte nach den Sommerferien die Erstklässler übernommen, mit denen sie und diese mit ihr bestens zurechtkamen. Entgegen allen minimalen Hoffnungen ist sie nicht mehr aus dem Koma erwacht, sondern gestorben, gerade mal Anfang 50. Ein *Schock* für alle!

In mehreren, anstrengenden Konferenzen hat sich das Kollegium auf einen Trauerweg verständigt, der hier nachgezeichnet wird. Nach nunmehr fünf Wochen kann man ein vorläufiges Zwischenergebnis festhalten. Was haben wir in die Wege geleitet?

Nach Bekanntwerden des Todesfalles waren rasch *erste Verabredungen* zu treffen:
● Wie gehen wir mit der Schulsituation um?
Zwei Kolleginnen übernahmen für die erste Zeit gemeinsam die Aufgaben der Schulleitung, die mehr als 20 Jahre lang bei der Verstorbenen in besten Händen gelegen hatte. Darauf trainiert, sie nahtlos zu ersetzen, war niemand.
Eine Dezernentin des Schulamtes half in den ersten Tagen selbst mit.

● Wer unterhält den Kontakt zur Trauerfamilie?
● Wie die Kinder und Eltern informieren und was ihnen anbieten?
Als Sprengelbeauftragter und Ortspfarrer, vertraut mit Trauerprozessen aus der normalen pfarramtlichen Praxis, und zugleich Kollege an dieser Grundschule, konnte ich manche Impulse einbringen. Allerdings: Dies war ein Ausnahmefall. Ein Nachbarkollege, der schon über mehrere Jahre Trauergruppen begleitet und zugleich den pastoralen Kriseninterventionsdienst leitet, war hinzugezogen worden.

Gemeinsam haben wir die unterschiedlichsten *Reaktionen bei Kindern und Eltern* bedacht.
● Wie kann man angemessen auf Erschrecken eingehen, auf Tränen, auf Formen der Abwehr (cool, verstummt, witzig, lärmend)?
● Wie mit Eltern umgehen, die noch einmal alles ganz genau wissen wollten?
● Wie auf das Wiedererwachen schon durchlebter Trauer, von scheinbar abgeschlossenen Verlusterfahrungen reagieren?
Auf spontane Überraschungen wollten wir gefasst sein, soweit man sich das vornehmen kann.

Wir selbst:

● Wie können wir unserer Trauer eine Form geben, die unseren eigenen Emotionen gerecht wird und zugleich den Kopf frei behält für die Begleitung der trauernden Kinder? Alle Kolleginnen und Kollegen trugen eigene Erfahrungen und Ideen bei. Die Konferenz hatte eine ungewöhnliche Dichte und Offenheit. Wir haben uns folgenden Weg vorgenommen:

Sofort am ersten Schultag nach den Ferien sollten die Kinder einen *Elternbrief* mitbekommen, in dem zuerst die Todesnachricht und der Tag der Bestattung mitgeteilt wurden, aber auch eine Skizze der nächsten Unterrichtstage. Das Kollegium hat nicht dazu eingeladen, mit sämtlichen Klassen an der Beisetzung teilzunehmen, sondern hat dies freigestellt. Später, im Frühling, wenn das Grab eingefasst sein wird, ein Kreuz darauf und die ersten Blumen blühen, wird die Schule an einem Nachmittag alle fünf Klassen zu einem Besuch des Grabes einladen. Aber auch das freiwillig.

Noch am Ende dieser Konferenz hat das Kollegium einen *Erinnerungsraum* gestaltet. Er sollte am zweiten Schultag mit einer feierlichen kindgerechten Trauerandacht (s. S. 104) eröffnet werden, und zwar jede Klasse für sich, begleitet von ihrer Klassenlehrerin oder deren Vertretung. Die Leitung dieser Andacht lag bei mir. Wir nannten ihn »Erin-

Erinnerung braucht Raum.

nerungsraum«, nicht: »Trauerraum«, auch wenn er das natürlich auch war. Aber wir wollten eher den vielerlei guten
Erinnerungen an unsere Verstorbene Raum geben, in der die
Trauer zur Dankbarkeit führen konnte, und weniger zum
neuerlichen Erleiden des Verlustes animieren. Beides kam
dann zum Zug.

Der Erinnerungsraum war ein in diesem Schuljahr nicht
weiter genutzter Klassenraum. Wie gut, dass wir ihn hatten.
An einer langen Fensterseite stellten wir Schultische neben-
einander auf, Tischdecken darüber. Ein schönes, gerahmtes
Foto der Verstorbenen aus neuerer Zeit stellten wir dort auf,
das sie so optimistisch zeigte, wie sie als Mensch war. Da-
neben stellten wir Topfpflanzen auf und eine große Kerze
im Glas, ein Dauerlicht. Die Fenstervorhänge zogen wir zu,
ließen jedoch ein mittleres Fenster frei. Wir deckten es mit
einem transparenten Stück Stoff ab, damit der Raum nicht
allzu düster wirkte.

Vor dem Bild legten wir ein Buch mit leeren Seiten offen
aus, das *»Erinnerungsbuch«*, dazu einen Kuli. Ein Halbkreis
aus Stühlen hielt von diesem Zentrum etwas Abstand. In
der Mitte dieses Stuhlkreises stand ein niedriger Tisch, noch
frei, aber bereit, später Teelichter und Kieselsteine zu tragen. Wie die Kinder mit all den vorbereiteten Dingen umgehen konnten, sollte die Trauerandacht klarstellen. Der Erinnerungsraum konnte nun mehrere Wochen offenstehen,

*Eine Schülerin
schreibt in das aus-
liegerde Erinnerungs-
buch.*

103

zugänglich für Schülerinnen und Schüler, die sich während des Unterrichts abmelden und zu zweit oder zu dritt an dem Buch arbeiten konnten. Es stand aber auch Eltern und ehemaligen Schülerinnen und Schülern zur Verfügung, die sich nachmittags dort eintragen konnten.

Heute ist das Buch zu Dreivierteln beschrieben und bemalt, eine wahre Kostbarkeit, die demnächst der Trauerfamilie übergeben wird. Für die Andacht konnten die Kinder bemalte oder beschriftete »Nachrufe« mitbringen, die entweder an die Pinnwand in der Schule geheftet oder bei der Bestattung beigelegt werden konnten. Für diese »Nachrufe« stand neben dem Foto ein flacher, weiter Korb auf dem Tisch bereit. Sie wurden fast alle in den Korb gelegt.

Der *zweite Schultag* begann für alle mit einer Klassenlehrerstunde, in der die Klassenlehrer die Möglichkeit hatten, die Kinder zunächst behutsam und sachlich über den Tod der Schulleiterin zu informieren. Viele haben Fragen gestellt. Wer wollte, hat spontan seine Anteilnahme und Betroffenheit auf ein Blatt geschrieben oder gemalt. Dieses brachten die Kinder dann mit in die Andacht. Die Erstklässler kamen als Erste zur Trauerandacht in den Erinnerungsraum. Sehr scheu betraten sie den Raum und setzten sich in den Stuhlkreis. Die mitgebrachten Sachen legten sie vor sich ab und nahmen das Liedblatt in die Hände. Sie ließen sich sehr gesammelt und konzentriert auf dieses Ritual ein, das ich angeleitet habe:

Einführung
(Gong)

»Wie ihr ja wisst, ist unsere Schulleiterin, Frau N.N., leider doch gestorben, entgegen allen unseren Hoffnungen, dass die Ärzte ihr Leben noch retten können. Sie konnten es nicht mehr. Die Verletzungen, die bei ihr aufgetreten sind, waren einfach zu schwer. Nun lebt sie nicht mehr.

So wie auf diesem Bild dort habt ihr Frau N.N. bestimmt auch in Erinnerung. Wir haben uns gedacht, dass es uns allen gut tut, wenn dieser Raum für eine Weile unser Erinnerungsraum ist. Dafür steht Frau N.N.'s Bild hier vorne, neben der Kerze, die immer brennen soll. Und jetzt weihen wir diesen Raum miteinander ein.

Erinnerungsbuch und »Nachrufe«

Hier auf dem Tisch liegt ein Buch mit leeren Seiten. Da könnt ihr Bilder reinmalen oder etwas Schönes hineinschreiben oder reinkleben. Das Buch soll einmal an ihre Familie weitergegeben werden, damit die sich darüber freut, dass so viele Schülerinnen und Schüler an sie gedacht haben und mit ihr trauern.

Hier steht ein flacher, großer Korb für solche Bilder oder Sachen, die ihr in Frau N.N.'s Grab mitgeben wollt.

Als Christen glauben wir, dass nicht nur die schönen, sondern auch die schrecklichen Dinge in Gottes guten Händen aufgehoben sind, auch wenn wir das nicht so leicht verstehen oder erklären können. Wir glauben es aber. Wir glauben es dem auferstandenen Jesus Christus, der seinen Freunden zum Abschied selbst gesagt hat: »Ich bin bei euch alle Tage, bis an das Ende der Welt«. Das gilt auch für traurige Tage. So wie heute. Er ist bei uns. Darum können wir sogar in der Trauer singen. Singen davon, dass Gott uns Lebende und unsere Verstorbenen in seinen guten Händen festhält.

Wir singen jetzt drei Strophen aus dem Lied: Er hält die ganze Welt in seiner Hand (EG RT, LJ 519)

Er hält die ganze Welt in seiner Hand

1. Er hält die ganze Welt in seiner Hand,
er hält die ganze Welt in seiner Hand,
er hält die ganze Welt in seiner Hand,
Gott hält die Welt in seiner Hand.

3. Er hält die Sonne und den Mond in seiner Hand,
er hält die Sonne und den Mond in seiner Hand,
er hält die Sonne und den Mond in seiner Hand,
Gott hält sie beide in seiner Hand.

4. Er hält auch dich und mich in seiner Hand,
er hält auch dich und mich in seiner Hand,
er hält auch dich und mich in seiner Hand,
Gott hält auch dich und mich in seiner Hand.

(T. und M.: Spiritual)

Gebet

Geheimnisvoller Gott!
Wir sind voll Trauer darüber,
dass Frau N.N. nicht hat am Leben bleiben können.
Das ging alles so schnell.
Vor unseren inneren Augen und Ohren sehen und hören wir sie noch,
so fröhlich und lebendig, wie sie war.
Dass sie nicht mehr am Leben ist,
begreifen wir noch gar nicht.
Aber du bist bei ihr.
Du bist ihr ganz nahe, Gott,
so wie du uns allen auch unsichtbar ganz nahe bist.
Wir haben ihr so viel Schönes zu danken!
Bleib bei ihr, Gott! Und bleib auch bei uns.
Sei du für sie und für uns ein starker Trost.
Amen.

Dank und Trauer

Hier stehen Teelichter und dort Kieselsteine. Wer mag, zündet gleich jetzt ein Teelicht für Frau N. N. an, aus Dankbarkeit, oder um ihr damit ohne Worte etwas Schönes zu sagen oder im Vertrauen, dass sie in Gottes guten Händen ist. Und bei wem die Trauer noch sehr, sehr groß ist, legt einen Kieselstein dazu. Manchmal hat man beides gleichzeitig in sich: die Dankbarkeit und die Trauer. Dann darfst du beides hinlegen. Wer das möchte, tut das jetzt. Die ersten vier fangen jetzt damit an.

(Im Hintergrund läuft eine ruhige Musik, z. B. Harfenmusik dazu. Es vergehen etwa zehn Minuten, in denen sich der niedrige Tisch allmählich mit Teelichtern und Kieselsteinen füllt. Die Kinder gehen so selbstverständlich damit um, als hätten sie nur darauf gewartet.)

Meinem Gott gehört die Welt

Noch einmal singen wir ein Lied. Es ist für viele neu, aber sehr einfach, und heißt: Meinem Gott gehört die Welt (DS 284, EG 408, LJ 226)

1. Meinem Gott gehört die Welt,
meinem Gott das Himmelszelt,
ihm gehört der Raum, die Zeit,
sein ist auch die Ewigkeit.

2. Und sein eigen bin auch ich.
Gottes Hände halten mich
gleich dem Sternlein in der Bahn;
keins fällt je aus Gottes Plan.

6. Leb ich, Gott, bist du bei mir,
sterb ich, bleib ich auch bei dir,
und im Leben und im Tod
bin ich dein, du lieber Gott!

(Text aus: Arno Pötzsch, Im Licht der Ewigkeit. Geistliche Lieder und Gedichte.
Gesamtausgabe. Leinfelden-Echterdingen: Verlag Junge Gemeinde, 2008. Der
Liedtext ist auch auf einer schön gestalteten Karte lieferbar: Best.-Nr. 618,
www.junge-gemeinde.de)

*Dank und Trauer fin-
den ihren Ausdruck.*

Erinnerungsraum

Bevor ich euch mit dem Segen Gottes entlasse, lade ich
euch dazu ein, in der nächsten Zeit immer einmal wieder
in diesen Erinnerungsraum zurückzukehren. Vielleicht fällt
euch ja noch etwas ein, was ihr der Frau N.N. malen oder
schreiben wolltet. Hier liegt das Buch und hat noch viele

leere Seiten. Meldet euch bei eurer Lehrerin ab, vielleicht auch besser zu zweit, dann könnt ihr das tun.

Wir beten jetzt zusammen das Gebet, das für alle Fälle in unserem Leben gut ist, auch für die traurigen, und das Jesus seinen Jüngern hinterlassen hat:
Vater unser im Himmel ...

Segen
Etwas vom Licht der Hoffnung soll bei uns bleiben. Empfangt den Segen Gottes:

Es segne euch und behüte euch
der allmächtige und freundliche Gott,
Vater, Sohn und Heiliger Geist.
Amen.

Die Klassen verweilten eine Zeit schweigsam. Einigen kamen die Tränen. Andere lasen laut selbst verfasste Abschiedsbriefe vor, bevor sie sie in den Korb gaben. Keines der Kinder nutzte die Situation aus, um Blödsinn zu machen.

An der mehrstündigen *Trauerfeier* wenige Tage später nahmen Hunderte Menschen teil, darunter viele Schülerinnen und Schüler an der Hand ihrer Eltern. Sie blieben dabei bis zum Ende der Bestattung, bei der ein heftiger Regen einsetzte.

Immer wieder besuchten Kinder den Erinnerungsraum.

In den *Tagen danach* füllten sich die Seiten des Erinne-
rungsbuches. Eltern und ehemalige Schüler trugen sich
ein: Gedichte, Verse, persönliche Widmungen. Die Kinder
hinterließen erstaunliche Wortbeiträge und Bilder. »Ich ver-
misse dich sehr«, steht da, mehrfach. »Ich hab gerne mit
dir gerechnet.« Oder: »Du fehlst mir sehr. Und ich finde es
doof das du gestorben bist. Viel Glück im Himmel und auf
deinem nächsten Weg.« Bilder mit Blumen in einem Garten,
darüber schwebend eine Frauenfigur in Blau. Ein Bild zeigt
einen Nachthimmel mit vielen bunten Sternen und schwe-
benden Herzen. Deuten kann man das selbst.

Die letzten Neueintragungen stammen aus der 5. Woche
und die Abstände werden allmählich länger. Das Kollegium hat deshalb überlegt, zum nächsten Wochenbeginn den
Kindern mitzuteilen, dass mit dem folgenden Wochenende
das Buch geschlossen und an die Familie der Verstorbenen
weitergegeben wird. Als ich heute Morgen die Schule be-
trat, fragte mich ein Kind: »Gehst du jetzt in den Raum?« Er
ist also immer noch präsent, der Erinnerungsraum mit dem
Foto und dem Buch, auch in der 5. Woche noch. Gut, dass
wir ihn eingerichtet haben.
(Bericht von Pfarrer Hartmut Wild, Michelbach)

2. Die Gruppe thematisiert den Todesfall in Ab-wesenheit des Kindes, das besonders betroffen ist

(Bitte lesen Sie sich zunächst die Situationsschilderung in der Einführung Seite 12 durch, bevor Sie an dieser Stelle fortfahren.)

*Worum es in einem offenen Gespräch mit den Kindern
gehen kann*
Ich erkläre den Erzieherinnen, dass ich offen und ehrlich
auf alle Äußerungen der Kinder eingehen möchte. Ich werde den Tod der jungen Mutter ansprechen und damit den
Gesprächsimpuls geben. Ich werde aber nicht von mir aus
die Tatsache des Mordes erwähnen, wenn die Kinder nicht
selbst davon zu reden beginnen. Ich denke, es ist wichtig,
dass die Kinder ausnahmslos alles mitteilen können, was
sie bewegt. Unsere Aufgabe ist, ihnen die Möglichkeit dazu
zu geben, zuzuhören und ihnen Geborgenheit und Nähe zu
vermitteln, damit sie das Grauen des Geschehenen verkraf-
ten können. Daraufhin lassen sich die Erzieherinnen schweren Herzens auf unser Vorhaben ein.

Wir stellen einen Stuhlkreis. Ich lege ein weißes Pannesamt-Tuch in die Mitte, stelle ein kleines Holzkreuz aus der Kinderkirche darauf, lege ein gelbes und ein blaues Chiffontuch drumherum und stelle eine Wasserschale mit Heckenrosenblüten dazu. Die Kinder werden vom Spielplatz hereingerufen. Das erste Mädchen, das Platz nimmt, sieht mich an und sagt: »Wir haben J. (der Ermordeten) auch schon Blumen hingelegt!« Da die Erzieherinnen den Kindern vorher nicht gesagt haben, warum ich komme, ist anzunehmen, dass die Eltern das Mädchen schon auf das Gespräch vorbereitet haben. Klar ist: Schon die erste Kinderäußerung hat uns mitten ins Thema geführt!

Liturgische Bausteine geben Raum und Halt

Alle Kinder (4–6 Jahre alt) haben im Stuhlkreis Platz genommen. Weder die Erzieherinnen noch der Ortspfarrer ergreifen das Wort. Also stelle ich mich vor:

(Name, Nähe des Wohnorts) »Vielleicht haben wir uns da schon mal gesehen, als ihr mit euren Eltern in der Stadt ward? Aber wir kennen uns noch nicht. Warum ich hier bin, hat mit meinem Beruf zu tun. Schaut mal in die Mitte, was steht da, was sonst nicht dort steht?«

Junge: »Ein Kreuz?"

Ich: »Ja, ein Kreuz. Woher kennt ihr Kreuze? Stehen sie noch anderswo als hier in unserer Mitte?«

Anderer Junge: »Ja, auf den Beeten!«

Ich: „Du meinst die Beete auf dem Friedhof?«

Junge: »Ja, die!«

Schon sind wir wieder indirekt beim Thema.

Mädchen: »Und in der Kirche!«

Ich: »Und wer arbeitet auf dem Friedhof und in der Kirche?«

Anderes Mädchen: »Pfarrerin oder Pfarrer!«

Ich: »Ihr habt das Rätsel gelöst. Ich bin Pfarrerin und habe euch etwas aus dem Kindergottesdienst in meiner Stadt mitgebracht!«

Ich lege eine aus Tonpapier ausgeschnittene Sonne und eine große dunkle Tonpapierwolke auf das weiße Tuch in der Mitte. Ich übe mit den Kindern das Lied »Wolken oder Sonnenschein« ein (Noten s. S. 37).

In einem Schälchen liegen ausgeschnittene Regentropfen, in einem anderen ausgeschnittene Sonnenstrahlen. Ich lege einen Tropfen unter die Wolke und erzähle, dass ich traurig bin, weil unser Hund eine kranke Pfote hat.

Ich lege einen Sonnenstrahl an die Sonne und erzähle, dass ich froh bin, weil meine Kinder ihre Sommerferien sehr genießen. Dann bitte ich die Kinder, der Reihe nach ihre Namen zu sagen und wer mag, darf auch einen Tropfen und/oder einen Strahl ablegen und von eigenen Gefühlen erzählen. Viele Kinder tun das, manche legen ohne zu erzählen einfach einen Tropfen oder einen Strahl ab.

Eine gute Freundin von A. legt einen Regentropfen ab und sagt: »Ich bin traurig, dass A. schon ein paar Tage nicht da ist und wir nicht spielen können. Aber heute gehe ich hin oder sie kommt zu mir und wir spielen wieder zusammen!« Damit ist das Thema wieder erwähnt.

Am Ende der Runde sage ich: »Wenn A. hier wäre, ich glaube, sie würde alle restlichen Regentropfen zusammennehmen und unter die Wolke legen!« Dabei lege ich den Haufen Tropfen unter die Wolke und sage: »Weil ihre Mama gestorben ist. Und das ist sehr traurig! Von jetzt an wird A. nie mehr von ihrer Mama in den Kindergarten gebracht und abgeholt. Und wenn ihr sie zu Hause besucht, werdet ihr nie mehr ihre Mama treffen. Das ist sehr, sehr traurig!«
Die Kinder sitzen ganz still.

Nach einigen Sekunden sage ich: »Wisst ihr denn, dass A.'s Mama gestorben ist?«

Viele Kinder reden durcheinander.

Ich sage: »Oh, ich dachte mir schon, dass ihr viel zu erzählen habt. Darum habe ich ein Körbchen mit Steinen mitgebracht. Ich lege ein schwarzes Tuch in die Mitte. Schwarz steht bei uns für traurig sein. Schwarz tragen die Leute bei Beerdigungen auf dem Friedhof. Und die Steine stehen für das, was ganz schwer auszuhalten ist. So wie der Tod von A.'s Mama. Wer erzählen möchte, nimmt sich einen Stein, erzählt und legt ihn dann auf das schwarze Tuch.«

Die Kinder sind dankbar für diese Möglichkeit und lassen sich sofort darauf ein. Die kleine Freundin von A. nimmt sich als Erste einen Stein und sagt: »Niemand darf jemanden würgen!« – *Stille* –

Ich: »Ja, niemand darf das. Das ist etwas ganz Schlimmes!« Damit ist das Gewaltverbrechen von einem Kind angesprochen, ich gehe nicht näher darauf ein, weil das nicht nötig ist. Es ist ausgesprochen und steht im Raum, die Kinder sind sehr konzentriert und nehmen alles, was gesagt wird, hellwach auf.

Ein Junge nimmt den nächsten Stein: »Und niemand darf mit Stöcken auf Kinder hauen!«

Der nächste Junge: »Und niemand darf jemand ins tiefe Wasser, in einen See schubsen!«

Ich: »Dann kannst du ertrinken!«

Der Junge: »Ja, wenn du noch nicht schwimmen kannst. Dann ertrinkst du und dann bist du tot!« Ich: »Ja, niemand darf so was tun, weil sonst das Leben vorbei sein kann!«
– *Stille* –
Ich: »Ward ihr schon mal traurig, weil jemand gestorben ist? Ein Tier oder ein Mensch, den ihr gern hattet?«
Ein Junge: »Ja, mein Hund.«
Ich: »Und du hattest ihn lieb?«
Der Junge nickt traurig.
Ich: »Und du vermisst ihn jetzt?"
Der Junge nickt wieder. Andere Kinder erzählen von verstorbenen Haustieren.
Ich: »Und ihr könnt euch vorstellen, wie traurig A. ist, dass ihre Mama nicht mehr lebt?«
Alle nicken und viele rufen: »Ja!«
Ich:»Was meint ihr, was könntet ihr tun, um A. zu trösten, um ihr zu helfen, wieder gut im Kindergarten anzukommen?«
Ein Junge: »Wir können ihr ein Bild malen!«
Ich: »Oh, wie schön! Dieselbe Idee hatte ich auch! Was könnte auf euren Bildern drauf sein, was A. tröstet?«
A's Freundin: »Ich male ihr viele Regentropfen.«
Ein anderes Kind: »Ein Pferd!«
Ein anderes Kind: »Eine Wiese!«
Ich: »Schaut, ich habe euch ein Trostbüchlein für A. vorbereitet, wenn ihr mögt, könnt ihr eure Bilder hineinheften.«

Was können die Kinder selbst tun, um zu trösten, um zu helfen?

Neben dem Austausch über eigene Gedanken und Gefühle ist es wichtig, Kindern die Möglichkeit zu geben, etwas zum Guten zu verändern, um der Hilflosigkeit und dem lähmenden Entsetzen etwas gegenüberzustellen. Ich bin auf die Idee eines Trostbüchleins gekommen. Auf das Deckblatt habe ich den Liedvers geschrieben: »Wie in einer zärtlichen Hand sind wir geborgen bei Gott für alle Zeit.« (Bernd Schlaudt). Ich übe mit den Kindern das Lied ein. (Noten s.S. 116)
Zwei Bilder sind auf dem Deckblatt zu sehen, das ich den Kindern zeige: Zwei zur Schale geöffneten Hände mit einem Häufchen Erde, aus dem eine zarte Pflanze wächst. Und zwei zur Schale geöffneten Hände mit einem Stein, der eine Schneckenmaserung hat. Über dem Pflänzchen steht meine eigene Fortsetzung des Liedverses: »...wenn wir noch leben«

113

Wie in einer zärtlichen Hand sind wir geborgen bei Gott für alle Zeit,

wenn wir noch leben und wenn wir schon gestorben sind.

Ein kleines Trostbüchlein für

und über dem Stein die Fortsetzung »...und wenn wir schon gestorben sind«. Unter den Bildern steht »Ein kleines Trostbüchlein für A.«

Auf der ersten Innenseite sind die beiden Lieder abgedruckt, die wir gesungen haben (Wolken oder Sonnenschein, Wie in einer zärtlichen Hand) und auf der zweiten sind gemalte Hände mit der Überschrift »Du kannst nicht tiefer fallen als nur in Gottes Hand« (Arno Pötzsch) zu sehen. Auf den übrigen Seiten ist Platz für die Kinderbilder.

Ich schlage den Kindern und Erzieherinnen vor, die Bilder am nächsten Tag zu malen, weil die Kinder nun schon so lange still gesessen haben, und lade zum Händefalten und Beten ein. Dazu zünde ich die Kerze in der Mitte an. Ich formuliere ein freies Gebet, und viele Kinder versuchen, meine Worte möglichst zeitgleich mitzusprechen (zu wiederholen).

Gebet

Lieber Gott,
wir sind traurig zusammen mit A., weil ihre Mama
gestorben ist.
Das ist so schlimm!
Sie wird A. und ihrer Schwester und ihrem Papa
so sehr fehlen!
Bitte zeig uns, wie wir A. helfen und sie trösten können.
Schenk ihr gute Freundinnen und Freunde,
mit denen sie gern zusammen ist!
Lieber Gott, bei dir sind wir alle
wie in einer zärtlichen Hand gut aufgehoben.
Ob wir leben oder ob wir schon gestorben sind.
Amen.   – *Stille* –

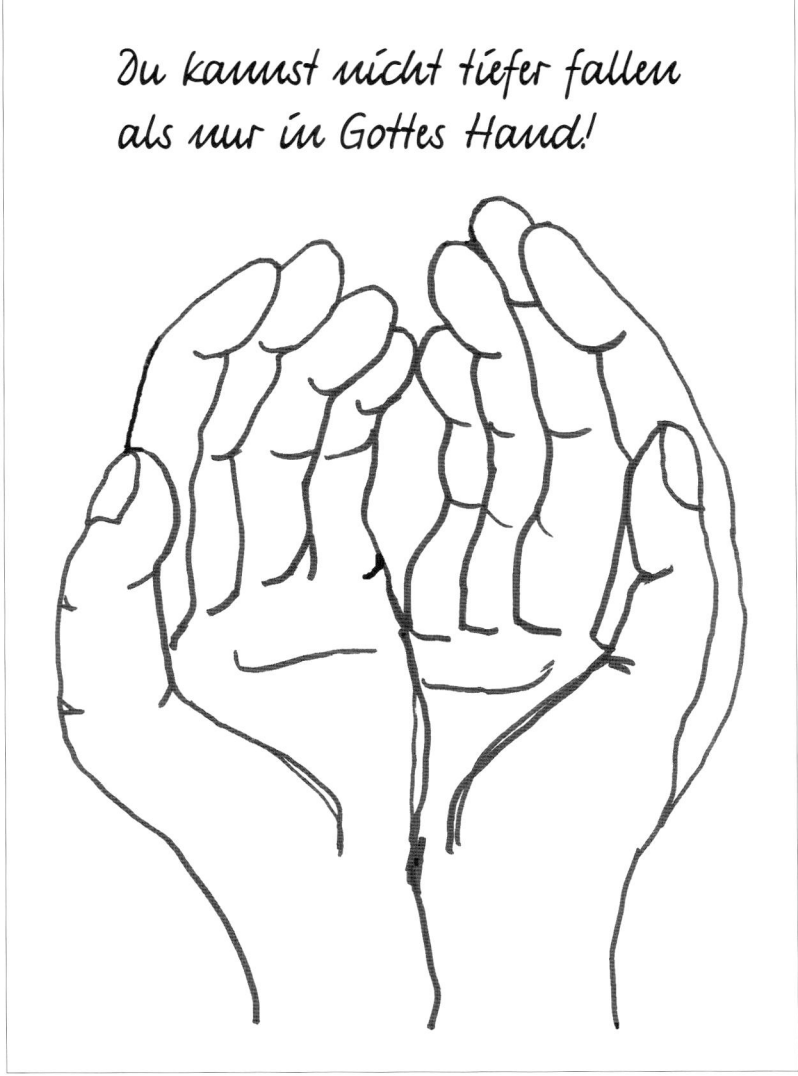

Du kannst nicht tiefer fallen als nur in Gottes Hand!

Kopiervorlage = Din A 6. Für das Heft (»Trostbüchlein«) auf DIN A 5 oder DIN A 4 vergrößern.

Dann beginnt A.'s kleine Freundin zu schluchzen. Sie wird von einer Erzieherin auf den Schoß genommen. Der Ortspfarrer sagt: »Manchmal tut es richtig gut, zu weinen!« Alle Kinder sind still. Das Mädchen weint.

Ich sage: »Möchte jemand ausprobieren, wie es sich anfühlen könnte, in einer zärtlichen Hand geborgen zu sein?« Ich

Wie in einer zärtlichen Hand

Text und Musik:
Bernd Schlaudt
Alle Rechte beim Autor

fasse die Hände des Ortspfarrers, wir bücken uns. »Möchte jemand darauf schaukeln?«

Ein Mädchen kommt und lässt sich auf die Hände setzen und schaukelt strahlend. Ich beginne zu singen: »Wie in einer zärtlichen Hand sind wir ...« Alle singen mit. Das weinende Mädchen hat sich beruhigt.

Ich wünsche den Kindern, dass sie A. gute Freundinnen und Freunde sind, bedanke mich, dass ich kommen durfte, und verabschiede mich. Die Kinder verlassen den Raum, das Mädchen bleibt noch, bis wir alle Sachen eingepackt haben und auch gehen. Dabei bedanken sich die Erzieherinnen und sagen, ihnen hätten die Mittel gefehlt, die Gesprächsrunde selbst anzuleiten, weil sie diese Rituale nicht kennen (liturgisches Element von Klage und Lob mit Wolken und Sonnenschein, Erzählen mit Steinen, Kerze und Kreuz, Gebet). Sie sagen, dass die Atmosphäre sehr gut war, sie sehr zufrieden sind und nicht das Gefühl haben, den Kindern sei zu viel zugemutet worden.

Was ich von den Kindern gelernt habe

Die Kinder ließen sich sehr spontan auf das Angebot ein, über den Tod von A.'s Mutter zu reden. Sie selbst bestimmten, wie weit sie dabei gehen wollten. Eine große Hilfe war ihnen, zunächst über eigene Gefühle zu reden (Wolken, Sonnenschein), um sich dann in die Gefühle von A. zu versetzen. Es war für sie offenbar gut zu ertragen, weil ganz natürlich, A.'s Freundin sehr traurig und weinend zu erleben. Eifrig überlegten sie, wie sie A. trösten könnten, und hatten sofort Ideen. Sie verließen die Runde sicher mit dem Gefühl und Wissen: Hier ist etwas ganz Schreckliches und

Trauriges geschehen. Aber auch mit dem Gefühl des Geborgenseins (Stuhlkreis, gestaltete Mitte, gesammelte, ruhige Atmosphäre, Präsenz der Erzieherinnen) und des Tätigwerden-Könnens (Bilder für A. malen).

Zur Hilflosigkeit der Erwachsenen
Probleme hatten somit nicht die Kinder, sondern die Erzieherinnen und offenbar auch die Eltern, sich mit den Kindern zusammen auf das Thema einzulassen. Ich bot daher an, im Herbst einen Elternabend im Kindergarten zu veranstalten zum Thema: »Wie kann ich mit meinen Kindern über Gewalt, Sterben und Tod reden? Was kann ich tun, um ihnen durch diese Erfahrung hindurch zu helfen?«

Wie geht es weiter?
Der Ortspfarrer veranlasst, dass auch die ältere Schwester von A. ein Trostbüchlein von den Kindern ihrer Grundschulklasse gestaltet bekommt. Er bietet an den fünf Abenden vor der Bestattung Andachten in der Kirche für Kinder und Erwachsenen an, die neben der Liturgie (Psalm, Lied, Fürbitte, Vater unser, Segen) auch ein sich täglich veränderndes Bodenbild, das die Gemeinde zusammen gestaltet, beinhaltet:

● 1. Abend: Ein Haufen Porzellanschalen als Symbol für die zerbrochenen Beziehungen liegt am Boden, ebenso ein Haufen Steine als Symbol für die erlittene Gewalt.
● 2. Abend: Aus den Scherben und Steinen legen die Gottesdienstbesucher/innen Tränen dafür, dass die Trauer ihren Ausdruck finden will und muss.
● 3. Abend: Aus den Scherben- und Steinen-Tränen legen die Gottesdienstbesucher/innen ein Kreuz als Symbol dafür, dass Jesus, der selbst des gewaltsamen Todes gestorben ist, mitleidet und mitträgt.
● 4. Abend: Blüten werden auf das Kreuz gelegt als Symbol für den Wunsch und die Absicht der Gottesdienstbesucher/innen, den Betroffenen beizustehen, ihnen Hilfe anzubieten, Trost zu spenden.
● 5. Abend: Teelichter werden auf das Kreuz gestellt und angezündet als Bitte dafür, dass wir das, was nicht in unserer menschlichen Macht steht, Gott anheimstellen. Von ihm erbitten wir Heilung, Trost und Kraft.

Auch in der Kirche liegt ein Trostbuch aus, in dem alle Texte und Lieder der Andachten, Fotos der Bodenbilder und Gedanken und Wünsche der Gottesdienstbesucher/innen ihren Platz finden können, um es später der betroffenen Familie zu schenken.

3. Ein Kind ist besonders betroffen

Auf Seite 25f. bin ich bereits der Frage nachgegangen, wie wir Kinder in ihrer Trauer begleiten können. Hier noch einige Ergänzungen:

Erfahren Sie als Kindergottesdienst-Mitarbeiter/in, Erzieher/in oder Lehrer/in von dem Verlust, den das Kind erlitten hat, nehmen Sie Kontakt zu seiner Familie auf. Lassen Sie sich erzählen, was passiert ist und wie es dem Kind aus Sicht seiner Angehörigen geht, was ihm gut tun oder eher schaden könnte.

Bitten Sie die Familie, Ihrer Kindergruppe davon erzählen zu dürfen, weil es den Kindern dann sehr viel leichter fallen wird, Verständnis und Mitgefühl aufzubringen. Solange das Kind fehlt, kann sich die Gruppe unter Anleitung mit dem Geschehen auseinandersetzen (siehe S. 109ff). Fehlt das Kind längere Zeit, schreiben Sie ihm mit Ihrer Kindergruppe einen teilnahmsvollen Brief, dem vielleicht das Trostbüchlein (siehe S. 114) beiliegt. Kehrt das Kind zurück, sollten Sie es vorab begrüßen und mit ihm besprechen, ob noch einmal über den Trauerfall in der Gruppe gesprochen werden soll oder nicht und wer das Thema anspricht, Sie oder das Kind selbst.

Ein kurzes Gebet kann das offene Gespräch in der Gruppe abschließen:

Guter Gott,
wir wissen, wie traurig Suri ist.
Bitte tröste sie und zeig uns, wie wir ihr helfen können.
Amen.

Möglicherweise werden Sie erst kurz vor Beginn des Kindergottesdienstes / des Kindergartentages / des Unterrichts über den Todesfall informiert. Nehmen Sie sich auch dann die Zeit, mit dem betroffenen Kind allein zu sprechen: »Wie fühlst du dich? Kann ich etwas für dich tun? Möchtest du, dass sich deine Freundin/dein Freund ... heute besonders um dich kümmert? Ist es dir recht, wenn ich den anderen erzähle, was passiert ist? Möchtest du selbst den Kindern davon erzählen?«

Wenn einige Zeit vergangen ist, fragen Sie das Kind, ob es mit der ganzen Gruppe das Grab des/der Verstorbenen besuchen möchte. Zum Friedhofsbesuch siehe auch Seite 83f und 94.

Gebete

Beim Tod eines Kindes

Gott, wie kann das nur sein?
N. N. ist gestorben.
Wir haben so viel zusammen gemacht:
gespielt, gelacht, gestritten, gelernt, gefeiert.
Jetzt ist sie nicht mehr bei uns und kommt auch nie mehr wieder.
Wir sind sehr traurig. N. N. fehlt uns.
Wir glauben, dass sie bei dir ist
und dass es ihr gut geht bei dir.
Tröste uns und alle, die N. N. vermissen und um sie trauern.
Amen.

Beim Tod eines vertrauten Menschen

Gott,
N. N. lebt nicht mehr. Sie/er war uns wichtig.
Sie/er fehlt uns.
Alles muss nun ohne sie/ihn gehen.
Ihr/sein Tod macht uns traurig und ratlos.
Du hältst uns und auch N. N. in deinen zärtlichen Händen.
Bei dir sind wir geborgen.
Das tröstet uns und gibt uns Halt.
Wir danken dir.
Amen.

Zu guter Letzt

Was trägt uns in dunklen Zeiten? Gottes Wort, das uns Leben angesichts des Todes verspricht und Licht in unsere Finsternis bringen möchte.
Ich lade Sie und die Ihnen anvertrauten Kinder ein, auf Gottes Wort zu hören und sich tanzend aus der Dunkelheit ins Licht mitnehmen zu lassen:

Gottes Wort ist wie Licht in der Nacht
Eine Tanz-Meditation

(Alle sitzen auf Sitzkissen im Kreis um eine brennende Kerze in der Mitte. Der Raum ist abgedunkelt.)

Hört, was Gott uns verspricht:

»Ich bin bei euch alle Tage, bis an der Welt Ende!« (Matthäus 28,20)

Jesus Christus, Gottes Sohn, lädt uns ein. Er sagt: »Ich bin das Licht der Welt. Wer mir nachfolgt, wird nicht in der Finsternis stolpern (Lutherbibel: wandeln), sondern wird das Licht des Lebens haben.« (Johannes 8,12).

Lied: Gottes Wort ist wie Licht in der Nacht
(DL1 Nr. 83, DS 56, KG 149, KiGoLo 37)

(Die Kinder üben das Lied Zeile für Zeile, bis sie es auswendig können. Dann erhält jedes Kind einen gelben oder goldenen Streifen Glanzpapier oder Stoff. Alle stellen sich im Kreis um die Kerze auf. Die Kinder schlingen sich ihren Stoff- oder Papierstreifen einmal locker um die rechte Hand, damit er nicht herunterfällt. Dann fassen alle einander an, die gelben Streifen hängen zwischen den Händen herab. Alle singen miteinander das Lied immer wieder und bewegen sich dabei ruhig und langsam tanzend um die Kerzenmitte.)

Gottes Wort	*(rechter Fuß zurück)*
ist wie Licht	*(linker Fuß zurück)*
in der Nacht,	*(auf dem rechten Fuß nach vorn wiegen, auf dem linken Fuß nach hinten wiegen, auf dem rechten Fuß vorn belasten)*
es hat Hoffnung	*(linker Fuß nach vorn)*
und Zukunft	*(rechter Fuß zur Seite)*
gebra...	*(linken Fuß anstellen)*
...cht,	*(Arme miteinander in die Luft heben und wieder absenken)*
es gibt Trost,	*(rechter Fuß zurück)*
es gibt Halt,	*(linker Fuß zurück)*
in Bedrängnis,	
Not und Ängsten,	*(auf dem rechten Fuß nach vorn wiegen, auf dem linken Fuß nach hinten wiegen, auf dem rechten Fuß vorn belasten)*
ist	*(linker Fuß nach vorn)*
wie ein Stern	*(rechter Fuß zur Seite)*
in der Dunkel...	*(linken Fuß anstellen)*
...heit.	*(Arme miteinander in die Luft heben und wieder absenken)*

(Ist das Lied verklungen, werden die Kinder gebeten, ihre gelben Streifen wie Sternstrahlen um die Kerze zu legen und sich im Kreis drumherum zu stellen. Der Reihe nach holt sich nun jedes Kind ein Teelicht aus einem bereitstehenden Körbchen. Es steckt es an der Kerze in der Mitte an und stellt es einem anderen Kind auf seinen Stoff- oder Papierstrahl, und zwar ans äußere Ende, das von der Kerze abgewandt und dem Kind zugewandt liegt. Wichtig dabei ist, dass immer nur ein Kind unterwegs ist und dass zuletzt alle Kinder eine Kerze auf ihrem Strahl stehen haben. Währenddessen singen alle immer wieder das Lied mit kurzen Unterbrechungen, zwischendurch kann es auch einfach nur gesummt werden. Stehen alle brennenden Kerzen auf den Strahlen, fassen sich die Kinder noch einmal an und laufen singend um den Lichterstern.)

Segen

Gott segne euch.
Sein Licht leuchte euch in der Finsternis
und lasse euer Leben hell und warm sein.
Frieden sei mit euch.
Amen.

Wenn Kinder nach dem Tod fragen

Georg Schwikart

Von Sterben, Tod und Trauer den Kindern erzählt

24 Seiten | vierfarbig illustriert | Format: 21 x 22 cm | geheftet | ISBN 978-3-7666-1311-0

Behutsam führt Georg Schwikart Mädchen und Jungen in diesem Buch an das Thema Tod heran. Er erklärt ihnen, was geschieht, wenn ein Mensch stirbt, macht sie mit den Gefühlen der Trauer vertraut und erzählt, wie sich Christen, aber auch Gläubige anderer Religionen das Leben nach dem Tod vorstellen. Zusammen mit den einfühlsamen Farbillustrationen von Uta Fischer nehmen die Texte Kindern die Scheu davor, sich mit der Endlichkeit unseres Lebens auseinanderzusetzen.

BUTZON BERCKER www.bube.de

Tod und Trauer – Teil des Lebens

Edda Reschke

Gemeinsam trauern
Ideen für Familie, Kindergarten und Grundschule

48 Seiten | vierfarbig illustriert | Format: 21 x 22 cm | geheftet | ISBN 978-3-7840-3430-0

Dieses Praxisbuch zeigt Wege auf, wie die Themen Vergänglichkeit, Abschied und Tod behutsam in den Kinderalltag eingebunden werden können. Dabei stehen kreative Einheiten im Vordergrund, die die kindlichen Gefühle und Bedürfnisse berücksichtigen: Malerei und fantasievolles Gestalten, Meditation und kreatives Schreiben, Sinneswahrnehmung und Naturerlebnis. Konkret gestaltete Rituale vermitteln darüber hinaus Handlungsmöglichkeiten, Trauer Ausdruck zu verleihen und Trauerprozesse konstruktiv zu gestalten.

 www.lahn-verlag.de

Trauertasche

Erste-Hilfe zum Umgang mit unerwarteten Todesfällen in Schulen, Kindergärten und Gemeinden

Der Tod eines Kindes, einer Mitschülerin, eines Mitschülers ist immer unerwartet, ob nach einem Unfall oder einer Krankheit, erst recht nach einem Gewaltverbrechen.

Alle Betroffenen stehen unter Schock. Sie brauchen Möglichkeiten, um ihre Ohnmacht, ihre Trauer, ihre Wut zum Ausdruck zu bringen. Sie brauchen Rituale, die helfen, Ordnung in das Chaos der Gefühle zu bringen. Erste Hilfen und Schritte bietet diese Trauertasche an.

Die meisten Artikel der Tasche können auch einzeln bestellt und nachgekauft werden (siehe Einzelpreise und Bestell-Nr. bei den Artikeln).

Verlag Junge Gemeinde, Postfach 10 03 55
70747 Leinfelden-Echterdingen
E-Mail: vertrieb@junge-gemeinde.de
Internet-Shop: www.junge-gemeinde.de

Inhalt: 20 Artikel mit z.T. mehreren Exemplaren, dunkelblaue Nylontasche mit Umhängegurt und vielen Fächern.
Best.-Nr. 1350, **Gesamtpreis: € 155,–**

(Preis und Zusammenstellung: Stand April 2013, aktuelle Informationen zum Produkt und Bestellung über www.junge-gemeinde.de)

Die Artikel im Einzelnen:

Kondolenzbuch zum Selbergestalten
Hier können die Mitschüler (Kinder) ihre Gedanken und Wünsche niederschreiben oder malen.
30 Blätter mit farbigem Deckblatt, DIN A4 in Klemmmappe, Einzelpreis: € 3,90,
Best.-Nr. 1354

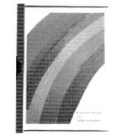

Drei Bilderrahmen
zum Aufstellen oder Aufhängen, Kunststoff, mit Einstecktasche,
Maße: 19 x 14 cm, für Fotos 15 x 10 cm,
Setpreis € 2,50, Best.-Nr. 1348

Kuschelbär

Trostspender zur Weitergabe an Trauernde, sortiert, Einzelpreis: € 2,70, Best.-Nr. 1333

Schlüsselanhänger mit Plüschhund

Trostspender zur Weitergabe an Trauernde, sortiert, Einzelpreis: € 2,20, Best.-Nr. 1346

Schlüsselanhänger mit Karabinerhaken

Abbildung Regenbogen mit Fisch-Motiv und Text: Ich bin gehalten. Trostspender zur Weitergabe an Trauernde, sortiert, Einzelpreis: € 1,90, Best.-Nr. 1347

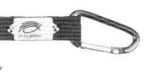

90 Gebetskärtchen

zur Weitergabe an die Trauernden, mit Gebetstext auf der Rückseite 3 Motive á 30 Karten, Maße: 8,5 x 5,4 cm, Setpreis je Motiv: € 6,90 Motiv 1 "Kreuze", Best.-Nr. 1351 Motiv 2 „Enge ", Best.-Nr. 1352 Motiv 3 „Osterglocke", Best.-Nr. 1353

Symbolbildkarten

zum Gespräch in der Gruppe und zur Auslage („Erinnerungstisch") 40 Karten mit 20 verschiedenen Motiven, Maße: 10,8 x 8,5 cm, Setpreis: € 12,--, Best.-Nr. 1355

Symbolbildkarten für Kleinere

Zum Gespräch in der Kindergarten-Gruppe. 5 Motive (Sonnenblumen, See, Regenbogen, Schmetterling, Wolken), foliert, DIN A4, Setpreis: € 14.--, Best.-Nr. 1349

Basistexte

Einige Geschichten, Gebete und Bibeltexte liegen als Einzelblätter bei.

Meditationskreuz

Zur Gestaltung einer Mitte, die besondere Form ermöglicht es auch nichtchristlichen Kindern, sich in diesem Symbol wiederzufinden. Streben in hellem und dunklem Holz stehen sich gegenüber, jedes Kreuz ist ein Unikat, Maße: 30 x 16 x 3 cm, Einzelpreis: € 14,80, Best.-Nr. 1337

Holzstern

12 Strahlenrauten mit Teelichtern für eine gestaltete Mitte (Stern-Ø 31 cm), Einzelpreis: € 19,80, Best.-Nr. 481

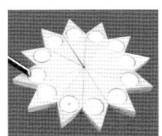

Kerze mit farbigen Wachsblättchen

25 cm lang, Ø 5 cm, mit Verzierwachsplättchen blau, grün, rot, gold, Einzelpreis: € 8,95, Best.-Nr. 1356

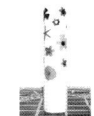

Violettes Baumwolltuch

100% Baumwolle, Maße: 80 x 80 cm, Einzelpreis: € 4,90, Best.-Nr. 1112

Nylon-Tücher-Set

Hauchzarte und pflegeleichte Tücher aus 100% Nylon, Set mit sechs Tüchern in den Farben: rot, blau, grün, violett, orange, gelb, Maß je Tuch: 68 x 68 cm, Setpreis: € 15,--, Best.-Nr. 1128

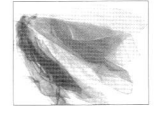

Flauschfedern

weiß, 15 Stück im Beutel, Maße: 10-15 cm, Einzelpreis: € 2,50, Best.-Nr. 1255

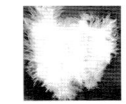

Glas-Nuggets

Bunte Glassteine, ca. 120 Steine, Ø 15-20 mm, Einzelpreis: € 5,--, Best.-Nr. 428

Filzlegeteile

Symbole zum Legen In verschiedenen Farben und Formen, 100 Stück im Beutel, Maße: 2,5–6 cm, Einzelpreis: € 4,90, Best.-Nr. 1253

Rose von Jericho

Symbol für neues Leben (Auferstehung). Die Wüstenpflanze wird grün, wenn sie in eine Wasserschale gelegt wird. Einzelpreis: € 3,90, Best.-Nr. 430

USB-Stick mit Texten und Vorlagen zur Trauerarbeit für verschiedene Altersgruppen

Entwürfe für Rituale, Geschichten, Gebete und andere liturgische Texte, ausgewählte Liedvorschläge, didaktisch-methodische Anregungen und Modelle für unterschiedliche Altersgruppen, Check-listen und Literaturangaben. Einzelpreis: € 25,--, Best.-Nr. 1358

Das Friedenskreuz

Ein innovatives, religionspädagogisches Medienpaket

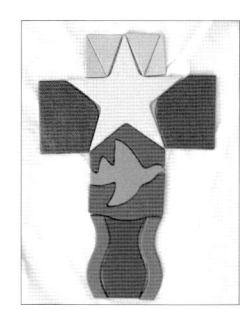

■ *Zum Einstieg:*

Reinhard Horn, Ulrich Walter

Mit dem Friedenskreuz durch das Kirchenjahr

Lieder voll Begeisterung, berührende Geschichten, Ideen zur kreativen Gestaltung und praktische Anregungen zu Ritualen und Feiern begleiten die Kinder auf einer anschaulichen Entdeckungstour durch das Kirchenjahr. Das Buch eröffnet allen, die in Kindergarten, Grundschule und Gemeinde arbeiten, umfassende und ganzheitliche religionspädagogische Impulse.

Begleitet wird die Entdeckungstour durch das Kirchenjahr von 24 Liedern, die auf der gleichnamigen CD zu hören sind. Abgerundet wird dieses Medienangebot durch ein liebevoll gestaltetes Legekreuz aus Holz verpackt in einem dunkelblauen Legetuch.

Buch: 144 Seiten, Format 23 x 16 cm, durchgehend vierfarbig, gebunden, 4. Auflage,
ISBN 978-3-7797-0531-1

CD: Spielzeit ca. 70 Minuten, mit den Liedern zum Buch,
ISBN 978-3-7797-0532-X

Legekreuz: 13 Holzpuzzles, farbig lasiert, im Legetuch (45 x 45 cm) – *(siehe Abb. oben)*
ISBN 978-3-7797-0533-8

■ *Ergänzung:*

Reinhard Horn, Ulrich Walter

Advent und Weihnachten mit dem Friedenskreuz

Lieder Geschichten, Rituale und kreative Ideen

Advent und Weihnachten – eine der schönsten Zeiten des Jahres – verlangt nach guter Gestaltung. Mit allen Sinnen wollen Kinder, aber auch Erwachsene, dieser geheimnisvollen und anrührenden Zeit und ihrer froh machenden Botschaft von Christi Geburt nachspüren. Die sieben Symbole des Friedenskreuzes (Krone, Stern, Haus, Taube, Brot, Kelch und Wellen) begleiten Kinder und Erwachsene auf diesem Weg. An vielen biblischen Geschichten wird gezeigt, wie mit den Elementen des Friedenskreuzes diese Kirchenjahreszeit zu einem eindrücklichen Erlebnis werden kann.

Buch: 96 Seiten, Format 23 x 16 cm, durchgehend vierfarbig, gebunden,
ISBN 978-3-7797-0615-1

CD: Spielzeit ca. 70 Minuten, mit den Liedern zum Buch,
ISBN 978-3-7797-0616-8

Verlag Junge Gemeinde
Postfach 10 03 55
70747 Leinfelden-Echterdingen
E-Mail: vertrieb@junge-gemeinde.de
Internet-Shop:
www.junge-gemeinde.de

■ *Speziell für die Kleinen:*

Reinhard Horn, Ulrich Walter

Groß werden mit Dir, lieber Gott

Lieder Geschichten, Rituale und Gebete

Mit allen Sinnen wollen die Kleinen Gott „be-greifen", darum gibt es viel zu sehen, zu hören und zu spüren: Schöne, ansprechende Lieder regen zur Bewegung an und fördern ihre emotionale Entwicklung.

In elementaren Geschichten erahnen und begreifen die Kinder, das es hinter all dem, was sie an großen und kleinen Wundern entdecken, einen gibt, der dies alles geschaffen hat und zusammenhält. Grundlegende biblische Erzählungen zeigen ihnen, dass Gottes Segen sie auf ihren Wegen begleitet. Sie führen durch das Leben Jesu und durch das Kirchenjahr. Eindrucksvoll zeigt Ulrich Walter u.a., wie mit den Elementen des Friedenskreuzes auch die Passions- und Ostergeschichte zu einer Erfahrung der liebenden Nähe Gottes führen kann.

Buch: 88 Seiten, Format 23 x 16 cm, durchgehend vierfarbig, gebunden,
ISBN 978-3-7797-2075-1

CD: Spielzeit ca. 70 Minuten, mit den Liedern zum Buch,
ISBN 978-3-7797-2076-8

Zusätzlich können direkt beim Verlag folgende hübsche Accessoires bestellt werden – Zeichen für die Hoffnung, die wir aus dem Kreuz schöpfen dürfen:

Friedenskreuz-PIN

Format 14 x 22 mm, Emaile lackiert, fein mit silberfarbenen Stegen zwischen den Elementen des Friedenskreuzes gearbeitet
Bestell-Nr. 1164

Friedenskreuz-Anhänger

Format 27 x 17 x 1,8 mm, Emaile lackiert, fein mit silbernen Stegen zwischen den Elementen des Friedenskreuzes gearbeitet,
Band aus Kunstleder zum Umhängen, nickelfreier Karabinerverschluss
(ca. 50 cm lang)
Bestell-Nr. 1167

Für Gottesdienst, Gemeindearbeit und Schule:

Rhein. Verband für Kindergottesdienst
Von Ostern her gesehen
Gottesdienste und Projektideen für die Passions- und Osterzeit

Die zentrale Kirchenjahreszeit unseres christlichen Glaubens wird mit vielfältigen Methoden ganzheitlich erschlossen. Die Kinder bekommen viele Möglichkeiten zum Mitgestalten und Miterleben.
Einige Beispiele:
- Passions- und Ostergarten
- Legebilder zu den Passions- und Ostererzählungen
- Rückengeschichten
- Familiengottesdienste
- Bastelideen
- Lieder
- Osterpanorama als Bastelbogen (DIN-A2-Bogen gefalzt auf DIN A4)

128 Seiten, kartoniert, DIN A4,
ISBN 978-3-7797-2068-3

Ilse Jüntschke, Peter Hitzelberger
Mit Kindern durch die Passions- und Osterzeit
Geschichten, Gesprächsimpulse, Spielideen und Lieder

Wie kann die Passions- und Ostergeschichte kindgerecht vermittelt werden? Kann man das Kindern zumuten? Welchen Zugang finde ich selbst als Erzieher/in, Lehrer/in, Gemeindemitarbeiter/in zum Tod und der Auferstehung Jesu?
Die Geschichten, Impulse und kreativen Beispiele nehmen die Fragen der Kinder ernst und greifen ihre Lebenswelt auf. Sie zeigen wie in einer verantworteten religionspädagogischen Arbeit zum Leiden und zur Auferstehung Jesu hingeführt werden kann.

84 Seiten, kartoniert, Format 21 x 21 cm
ISBN 978-3-7797-2081-2

Ilse Jüntschke
Von Engeln will ich euch erzählen
Geschichten, Bastelideen, Lieder und Gesprächsimpulse

Kinder lieben Engel. Sie geben Schutz, auch wenn z.B. die Eltern nicht in Reichweite sind. Eltern spüren: Wir können unsere Kinder nicht rundum schützen. Wie tröstlich ist es, zu wissen, da sind Gottes Boten, die leiten und begleiten.
Oft sind es auch konkrete Menschen, die unerwartet im richtigen Moment zur Stelle sind. Solche Erfahrungen sind nicht weniger ein Wunder der fürsorgenden Liebe Gottes. Weil Gottes Liebe erfahrbar ist, deshalb erzählen wir Kindern von Engeln.

80 Seiten, kartoniert, Format 21 x 21 cm,
ISBN 978-3-7797-2084-3